AF599966

OLYMPUS

Informe Mundial... El Año 3000

TORKOM
SARAYDARIAN

TSG PUBLISHING FOUNDATION, INC.

Editorial Dagón

Olympus
Informe Mundial… El Año 3000
por Torkom Saraydarian

Publicado originalmente en idioma inglés
por TSG Publishing Foundation
(www.tsgfoundation.org)
Primera edición en idioma inglés: 1993
Traducción al español por TSG Spanish Translation Team
1ª Edición en español: 2022

Impreso en España por: Editorial Dagón
Tel.: +34 629 627 355
Web: *http://www.editorialdagon.es*
E-mail: *editor@editorialdagon.es*

Editor/coordinador para esta edición:
editor@editorialdagon.es

ISBN: 9788419540577
Depósito Legal: V-326-2022

Impreso en España

Olympus
World Report... The Year 3000
by Torkom Saraydarian

First published in English
by TSG Publishing Foundation
(www.tsgfoundation.org)
First Edition in English: 1993

Translation by TSG Spanish Translation Team
1ª Edition in Spanish: 2022

Printed in Spain by: Editorial Dagón
Web: *http://www.editorialdagon.es*
E-mail: *editor@editorialdagon.es*

Publisher/coordinator for this edition:
José Rubio Sánchez: *jrubio@editorialdagon.es*
ISBN: 0-929874-46-3
Library of Congress Catalog Card Number: 92-85571
Printed in Spain

Esta edición en español ha sido completada gracias al generoso apoyo del Grupo TSG en Idioma Español y al Grupo de Estudios Teosóficos de Valencia (España). Expresamos nuestra profunda gratitud hacia todos aquellos que colaboraron con este proyecto.

SOBRE EL AUTOR

Torkom Saraydarian (1917-1997) nació en Asia Menor. Desde la niñez, fue entrenado en las Enseñanzas de la Sabiduría Eterna.

Visitó monasterios, templos antiguos y escuelas de misterios con el fin de encontrar las respuestas a sus preguntas sobre el misterio del hombre y el Universo.

Vivió con Sufis, derviches, místicos Cristianos y maestros de música y danzas del templo. Su educación musical incluyó el violín, piano, laúd, cello y guitarra. Le tomó largos años de disciplina y sacrificio poder absorber la Sabiduría Eterna de sus fuentes verdaderas. La meditación se convirtió en parte de su vida diaria, y el servicio, una expresión natural de su alma.

Torkom Saraydarian dedicó su vida entera al servicio de sus congéneres humanos. Sus escritos, conferencias, y música, muestran su total devoción a los principios, valores y leyes superiores que están presentes en todas las religiones y filosofías mundiales. Estos trabajos representan una síntesis de lo mejor y más bello en la cultura sagrada del mundo. Sus trabajos enriquecen el pensamiento fundacional sobre el cual el hombre puede construir su Futuro.

Torkom Saraydarian escribió un gran número de libros, muchos de los cuales han sido publicados. Todos sus libros continuarán siendo publicados y distribuidos. Algunos han sido traducidos al armenio, alemán, italiano, español, portugués, griego, holandés y danés.

Dejó un rico legado de escritos y composiciones musicales para el disfrute y beneficio de toda la humanidad por muchos años por venir.

CONTENIDO

...Estamos suficientemente conscientes de que la perfección no es alcanzada a través de vivir en el pasado, sino por un esfuerzo irrefrenable hacia el futuro. Aconsejamos, especialmente ahora, transportar toda tu consciencia al futuro, evitando así muchos grilletes de existencias pasadas.

Corazón, afor. 152

El futuro de la humanidad, el futuro del Cosmos –¿hay algo más sagrado?

Comunidad de la Nueva Era, afor. 199

PRONÓSTICOS PARA EL FUTURO

Los siguientes pronósticos para el próximo milenio no son productos de un psíquico, médium o canalizador. Estos pronósticos se han recopilado a lo largo de líneas científicas en un intento de descubrir lo que realmente ocurrirá en el futuro a partir de lo que observamos, sabemos y vemos científicamente en el presente. También han sido recopilados tras una extensa investigación de literatura esotérica.

Según la Enseñanza, un gran futuro espera a la humanidad. El «Capitán» del «barco» está alerta y capacitado, y las condiciones mejorarán gradualmente. Aunque muchos están sufriendo y seguirán sufriendo, el futuro de la humanidad es brillante.

El primer pronóstico es para el año 2025. Debido a un creciente deseo de comprensión, cooperación y unidad internacionales, todas las instalaciones militares comenzarán a colapsar ese año. En los próximos cinco a seis años, seremos testigos de cómo la humanidad promedio se volverá más unificada y comprensiva, ejerciendo una tremenda presión sobre el liderazgo mundial para llevar a la humanidad a la síntesis. El resultado será que todas las armas que actualmente están «chupando nuestra sangre» serán erradicadas gradualmente y la humanidad, junto con sus líderes, llegará a comprender que las armas ya no son necesarias para resolver nuestros problemas.

También es posible que entre 1997 y 2025 Cristo reaparezca. con ciertos Ángeles y algunos de Sus discípulos, y guíe a la humanidad hacia una nueva dimensión de conciencia.

Muchos agentes de la oscuridad y sus sirvientes intentan convencer a la humanidad de que el fin del mundo está cerca, que la humanidad nunca aprenderá a cooperar, que la paz nunca llegará, que se avecinan mayores sufrimientos, dolores y hambrunas.

Los agentes de la oscuridad nunca nos dan una imagen brillante y, al difundir formas de pensamiento tan pesimistas y negativas, presionan a la humanidad para que piense y actúe en la línea de la destrucción, la muerte, el sufrimiento y el dolor.

Una vez que los engranajes de la mente humana se involucren en pensamientos tan negativos, desagradables y destructivos, la humanidad se verá obligada a vivir de tal manera que correrá el peligro de intentar actualizar las profecías de los agentes de la oscuridad.

En el presente necesitamos líderes que nos traigan esperanza, optimismo y alegría; que nos digan que el futuro será brillante; que nos digan que el alma humana está viva y sana; que nos digan que la humanidad superará las crisis y construirá un futuro mejor. Al difundir tal visión, condicionaremos el pensamiento de la humanidad y lo llevaremos hacia líneas positivas –«Todo lo que el hombre piensa en su corazón, así es él».

Da visión a la gente y la gente actualizará la visión.

El segundo pronóstico para el año 2025 es que los políticos de todo el mundo sentirán profundamente su responsabilidad por la humanidad y la Naturaleza, y en escuelas especiales estudiarán la ciencia de la misión, la ciencia de la responsabilidad y la ciencia del poder de voluntad.

Después de 2025 tendremos más líderes y políticos iluminados que vivirán para su misión con olvido de sí mismos, un sentido de responsabilidad y estarán armados con el espíritu del bien para todos.

Los Grandes Seres nos dieron la Gran Invocación en la que se afirma:

«Que el Propósito guíe las pequeñas voluntades de los hombres». Los futuros políticos intentarán comprender este Propósito y tratarán de guiar a las personas de acuerdo con ese Propósito, con esa Voluntad.

Uno de los deberes sagrados de un político será estudiar la Ley de la Reencarnación y la Ley del Karma y pensar, sentir, hablar y actuar bajo estas dos leyes principales del Universo.

La reencarnación es el proceso a través del cual los mundos nacen y, luego de cierto grado de desenvolvimiento, desaparecen para reaparecer una vez más según la vida que demostraron en el pasado. A la luz de la Ley de la Reencarnación, los políticos comprenderán la verdadera historia del pasado, presente y futuro y procederán en consecuencia.

Junto con esta ley, los políticos estudiarán la Ley del Karma que arrojará la luz más brillante sobre la evolución de los eventos pasados, presentes y futuros de la humanidad. Entonces los políticos organizarán su servicio en armonía con la Ley del Karma.

Karma no es en sí mismo un principio activo, pero se vuelve activo en respuesta a nuestras acciones. Recibimos del karma lo que le damos. Mediante nuestras acciones en todos los niveles construimos nuestra vida futura –nuestros cuerpos futuros, nuestras relaciones futuras y nuestros logros y fracasos futuros. Tal comprensión ejerce presión sobre nuestra alma para vivir una vida más consciente en armonía con el Propósito universal.

La gente a menudo piensa en la Voluntad de Dios y dice: «Todo lo que sucede es la Voluntad de Dios porque nada sucede sin la Voluntad de Dios». Y también piensan: «Debido a que la Voluntad de Dios es omnipotente, no importa lo que hagamos, Él nos llevará a la redención, o al destino que Él tiene para nosotros en Su mente».

Pero estas declaraciones están mezcladas con verdad y falsedad. En primer lugar, la vida nos muestra que tenemos una voluntad libre que podemos utilizar para la destrucción o la creatividad. Por supuesto, la vida tiene un destino, pero no se nos impone. Tenemos libertad para aceptarlo o rechazarlo. En caso de que nos neguemos, nos aniquilamos en el caos. Si aceptamos, vivimos una vida que nos lleva a ese destino desconocido.

La Ley de la Reencarnación existe para darnos la oportunidad de volver a nuestros sentidos al estudiar la vida desde el punto de vista de causa y efecto –el karma.

Los futuros políticos no actuarán bajo la fuerza de la ignorancia sino a la luz de un conocimiento puro de estas dos leyes.

Se nos dice que la mayoría de la raza humana alcanzará niveles de conciencia cada vez más elevados y utilizará esa conciencia para tener una vida mejor en el futuro, eliminando aquellas acciones que provocan dolor y sufrimiento.

La integración y síntesis de la humanidad continuará en los próximos siglos y, por supuesto, el proceso de integración y unificación del mundo es observado tanto por totalitarios como por fuerzas de la Luz.

El totalitarismo intentará por todos los medios tomar el control de una humanidad unificada para usarla para su propio interés, sin conocer el hecho de que, al unificarse, la humanidad desecha naturalmente cualquier manipulación totalitaria. La luz dispersa automáticamente la oscuridad.

Hace dos mil años, Cristo dijo: «Hágase tu Voluntad». ¿Qué es esa Voluntad y cómo se «hará»? Veremos en un futuro cercano que se escribirán libros y se crearán películas para demostrar esta ciencia. Cuando decimos: «Que el propósito guíe las pequeñas voluntades de los hombres», ¿qué se entiende por «Propósito» y por nuestras «pequeñas voluntades»? ¿Cómo serán guiadas las «pequeñas voluntades» por el Propósito, que es la expresión o expansión de la Voluntad de Dios? Estas preguntas serán respondidas y se formulará una ciencia para «guiarnos» en esa Voluntad.

Debido a que el campo de la política es el Primer Rayo, el deber de un político es introducir la Voluntad de Dios, la voluntad hacia el bien para toda la humanidad. Para hacerlo, debe educar al público hablando de la Voluntad de Dios. Los políticos del futuro serán entrenados científicamente para llevar la Voluntad de Dios al corazón de la humanidad y mostrarles cómo obedecer y seguir la Voluntad de Dios.

La humanidad es actualmente como una fábrica cuyo capataz no está capacitado y los trabajadores no tienen direcciones claras a seguir. ¿Qué tipo de fábrica puede existir bajo tales circunstancias? Es imperativo que usemos nuestras «pequeñas voluntades» para hacer que nuestros líderes nos guíen en la Voluntad de Dios.

Al pensar y escuchar sobre estos pronósticos, también amplificamos estas ideas. A través de nuestro cerebro y proceso de pensamiento, transmitimos mentalmente al Universo que esta ciencia se está desarrollando –la Ciencia de «Hágase Tu Voluntad» que Cristo introdujo hace dos mil años.

El tercer pronóstico para la Era venidera es que de los años 2030 a 2040 la educación estará totalmente dedicada a expandir la conciencia de la humanidad para que se vuelva sensible a todas las formas de vida, en conjunto. Se desarrollará la comunicación entre el hombre y los animales, entre el hombre y los árboles, los océanos, los ríos, las montañas... y las estrellas. La humanidad se volverá sensible a toda vida.

Actualmente hay películas en el mercado que nos impresionan con la idea de que la destrucción de nuestro planeta es inevitable. En el futuro, estas películas no se mostrarán. Es importante negar la entrada de tales ideas a nuestra conciencia porque debemos fomentar el espíritu de optimismo. A través del optimismo, las fuerzas creativas de la Naturaleza pueden influir en las personas. Esto no significa que debamos cegarnos ante los peligros, sino verlos en su perspectiva adecuada. Son como pequeñas olas en un vasto y hermoso océano.

El cuarto pronóstico para el futuro es que entre los años 2025 y 2050 se establecerán líneas de comunicación entre nosotros, los que han fallecido y los Mundos Superiores. Mediante el uso de instrumentos recientemente desarrollados será posible hablar con cualquier persona que haya fallecido. Dirás: «Padre, ¿cómo está todo?». Y él responderá: «No te preocupes; estoy muy feliz. Puedo ir a cualquier parte, verlo todo y escucharte». Las personas que viven en la tierra podrán hacer esto colocando un objeto pequeño que una vez perteneció al difunto en una máquina que registrará la frecuencia del alma de su antiguo propietario. La máquina entonces sintonizará esa frecuencia y nos pondrá en contacto con los que viven en los mundos sutiles. Y, si la persona a la que estamos tratando de alcanzar ha reencarnado, ese instrumento nos dará su «cambio de dirección» en el mundo físico donde ahora viven como bebés y niños.

Las frecuencias del alma serán trazadas y categorizadas. Por ejemplo, si el alma de una persona está adelantada cinco mil años, será un alma del Grupo B, entre las almas de los Grupos D y F, y así sucesivamente. Su frecuencia será determinada y trazada mecánicamente.

Las personas que han fallecido reconocen en un corto periodo de tiempo que han muerto, pero no pueden comunicarse con nosotros. Se acercan cuando los extrañamos, pero no los vemos. Pueden contactarnos telepáticamente, pero esto no es nigromancia. No se trata de hacer descender a los espíritus a niveles más bajos a través de prácticas ilícitas, sino de comunicarse electrónicamente con los niveles sutiles donde moran.

Incluso ahora, nuestras computadoras, teléfonos, radios y televisores se están volviendo increíblemente sofisticados. Teniendo en cuenta la tasa de crecimiento actual, podemos ver cómo en cuarenta años nuestros equipos más sofisticados serán como burros comparados con el transbordador espacial.

Los Mundos Superiores son aquellas esferas en las que los Grandes Seres funcionan conscientemente; estos reinos son grandes tesorerías y podremos contactarlos cuando surja la necesidad. Por ejemplo, si un instructor está dando una conferencia sobre la compasión, podría «hacer una llamada» al Señor Buda, quien lo pondría en espera y lo conectaría con dos o tres discípulos cuyo servicio es inspirar e instruir sobre ese tema en particular.

En niveles menos sofisticados, ahora podemos hacer esto cada vez que llamamos a un amigo o instuctor y le hacemos preguntas. En el futuro, podremos llamar a los Mundos Superiores.

Hay millones de científicos que ahora están trabajando en el «otro lado». No olvides que hay siente Ashramas en el «otro lado» que tienen todo. Sus máquinas están construidas mentalmente y funcionan con materia mental, pero las contrapartes de estas máquinas se han filtrado a la tierra en versiones mucho más crudas. Nuestros científicos necesitan construir un puente entre «aquí y allá».

Por eso necesitamos mejorar; esto es en lo que estamos trabajando. Mejora significa hacer que el estándar de una máquina aquí en la tierra sea cada vez más alto hasta que sea igual a su prototipo en los planos superiores.

Si llegamos a la luna, ¿por qué esto no es posible? Hace cincuenta años, si una persona hubiera dicho que un cosmonauta ruso daría la vuelta a la Tierra con éxito durante un año, la gente hubiera dicho que era imposible. Un gran Maestro nos aconseja eliminar la palabra «imposibilidad» de nuestros diccionarios ya que se considera la palabra más horrible. No hay imposibilidad; siempre hay posibilidad. ***Dios es posibilidad***; ¡el mejor nombre para Dios es Posibilidad!

Junto con estos dispositivos creados científicamente, también podremos visitar a nuestros seres amados en nuestros cuerpos sutiles. Incluso ahora, algunas personas están entrenándose para dominar este poder.

La quinta predicción se refiere al campo del arte. Entre los años 2045 y 2055, el arte revelará la belleza del Cosmos en Su movimiento, color sonido y rayos. Será posible ver el color de un planeta a medida que se traslada y gira, experimentar el sonido, el color y el movimiento que crea en relación con nuestra galaxia y otras galaxias. el arte demostrará estas cosas.

Hay una danza Sufí que dramatiza al sol, la luna y los planetas bailando juntos. Al experimentar los movimientos, colores y música de la danza, una persona es elevada a dimensiones superiores, volviéndose un soñador, preguntándose de qué se trata todo. Tal danza es solo una indicación pequeña de los tipos de arte que se desarrollarán en el futuro.

Las galaxias tienen colores, danzas y eventos que ocurren, de tal poder y magnitud que, si fueran vistos por ojos humanos, el Dios dentro de nosotros explosionaría hacia el exterior. El arte será el agente de tal experiencia, en vez de crear distorsiones y monstruos que se cuelgan en las paredes.

La sexta predicción es que para el año 2050 la ciencia habrá construido globos, pequeñas tierras en el sistema solar en los que la gente podrá vivir, tal como lo hacemos en nuestro planeta. El prototipo de esta idea ya está presente en la consciencia de la humanidad. Estos pequeños planetas eventualmente sostendrán tanto como un millón de personas. Las atmósferas no serán reguladas por trajes espaciales sino por algún tipo de emanaciones eléctricas que controlarán la presión de aire y el contenido de la atmósfera externa.

M.M. dice que estos tipos de mecanismos ya existen en los Ashramas pero no serán dados a la humanidad hasta que se desarrolle la buena voluntad.

La séptima predicción concierne al campo de la religión. La religión estará dedicada a la emancipación del alma de sus vehículos, permitiéndole ejercer el poder de la omnipresencia. Somos actualmente como una ostra que está atada a su concha; creemos que somos nuestros cuerpos y ropas. En el futuro, la religión nos enseñará cómo dejar el cuerpo físico y utilizar los cuerpos astrales, mentales o superiores, tal como fue enseñado en los misterios egipcios, en las pirámides. La religión ya no se centrará en salmos e himnos.

Cada cuerpo es un vehículo que viaja en una esfera correspondiente de luz mayor. Cuando una persona viaja usando el cuerpo astral, vuela diez veces más rápido que la luz. Pero si utiliza el cuerpo intuicional, viaja diez mil veces más rápido. M.M. nos dice que la Jerarquía no espera por máquinas que la transporte de la Tierra a Venus. Pueden hacer el viaje en un segundo. Si la reunión se cambia para Urano, ellos también pueden llegar en un segundo.

Esta ciencia se desarrollará eventualmente. Grandes Iniciados espirituales enseñarán a los hombres cómo dejar sus cuerpos y penetrar en esferas correspondientes más elevadas. Cada esfera será una universidad para nosotros, para aprender diversos temas. En cada esfera aprenderemos algo más elevado de modo que el Dios en nuestro interior se desenvuelva aún más.

Tal visión nos trae serenidad y esperanza para el futuro. Remueve el veneno que está circulando actualmente en nuestra consciencia al decir: «No importa cómo se vean las cosas actualmente, hay esperanza y belleza en el futuro, a pesar de lo que ocurre en la vida».

Uno de nuestros mayores obstáculos es que nos involucramos tanto en nuestros dolores y sufrimientos insignificantes que no podemos ver más allá de nuestra propia nariz. Solíamos pensar que éramos el Cosmos y que nada más existía. Tan pronto como pensamos en el Cosmos, nos equilibramos. Actualmente, estamos equilibrando nuestra consciencia y encontrando un equilibrio en vivir.

La humanidad será capaz algún día de ejercer su poderosa omnipresencia. Leemos que Dios es omnisciente, omnipotente, omnipresente – conocedor de todo, todopoderoso, en todas partes. Si Dios es esto, ¿qué hay de Sus hijos? Sus hijos serán también como Él –y nosotros somos Sus hijos.

La omnipresencia es la habilidad inmediata de «sintonizarse» con alguien que vive en otra ciudad o país, o estar allí con tu cuerpo etérico o mental. Lo verás, le hablarás y regresarás. Cada persona entrará en su cuerpo mental y dirá: «Hola, ¿qué hay de nuevo?» Quizá hay una exhibición que te gustaría ver en China. Simplemente entras a tus cuerpos sutiles o a tu cuerpo intuicional y ves a las personas, flotas sobre la exhibición y regresas.

Blavatsky tenía un discípulo llamado Damodar que tenía esta habilidad. Cierta vez, mientras viajaba en un tren a varios miles de kilómetros en la distancia, él tuvo la sensación de que algo le había sucedido a ella. Le dijo a su compañero: «Voy a dormir por unos pocos minutos», y se fue a visitar a Blavatsky. Regresó unos minutos después y le comentó a su compañero: «Blavatsky se ha caído y se ha roto las rodillas». Enviaron un telegrama para confirmarlo –pero Damodar no necesitaba un telegrama.

Las predicciones y temas presentados aquí son dados en un sentido general, sin gran detalle, pero tienen implicaciones de largo alcance. Si una persona está libre del tiempo, el espacio y el cuerpo, tiene un millón más de posibilidades para crecer en su consciencia, en su corazón, en la cantidad de información que está disponible para ella, y en sus habilidades. Se convierte en un hijo de Dios. Es por ello que uno de los grandes discípulos dijo: «Todo el Universo está esperando por el nacimiento de los hijos de Dios». Toda la Naturaleza espera por aquellos que están madurando hoy a tal grado que ya no son solo consumidores – que comen, duermen, fertilizan – sino que lentamente se están haciendo angélicos. Quizá en el año 3000 miraremos hacia atrás al nivel primitivo en que la humanidad se encuentra ahora ¡y reflexionaremos sobre qué desagradable era tener que comer e ir al baño!

La octava predicción para el futuro es que la magia blanca se desarrollará a tal grado que los animales y otras formas de vida estarán preparadas para ser iniciadas en el cuarto reino. Millones de devas que aún no han pasado por la evolución humana serán traídos eventualmente a la encarnación humana. La mayoría de devas nacen a través de flores; algunos de ellos son pájaros. Todos deben venir al reino humano para desarrollar intelecto. Como dijo Blavatsky: «Todas las inteligencias avanzadas pasan a través del reino humano».

La magia blanca a la que nos referimos no es un truco de la mano o un truco ilusorio. Es la ciencia de utilizar la mente superior de tal poderosa manera que cada pensamiento controla energías y rayos tremendamente poderosos que pueden ser dirigidos hacia varias formas de vida para liberar la divinidad en ellas.

La divinidad en los animales está bloqueada y encapsulada. El Espíritu existe en un perro, un elefante o un gato, pero en forma animal; el Espíritu se ha convertido en el animal. Tanto la forma animal como la humana son un tipo de prisión. Somos prisiones en las que el Espíritu está encarcelado. Los Ángeles Solares son llamados a veces «Exiliados». ¿Cómo pueden ser liberados estos Prisioneros?

La magia blanca va a influenciar el cerebro, ciertos centros, y la programación escondida contenida dentro de ellos que aún no se ha activado. Existe en el animal más pequeño una programación del Altísimo que dice que se va a convertir en un hombre, un ángel y luego en un Arcángel. Pero esta programación está enterrada profundamente y nadie sabe cómo ponerla en acción. La magia blanca será capaz de presionar ciertos «botones», y luego los animales serán capaces de reconocer su propósito.

La magia blanca utilizada de esta manera no interfiere con el proceso natural de individualización que los animales y las personas atraviesan. La vida se condiciona a sí misma. Puedes destruirte o construirte; está en tus manos. Será la labor de los futuros magos blancos quemar la basura que está acumulada en nuestros «establos» y crear pureza. Los tres Magos que vieron la estrella y la siguieron hasta donde Cristo iba a nacer son cierto tipo de Magos Blancos. Pero los Magos futuros serán diez mil veces más avanzados. No es un tema de interferencia porque Sus acciones estarán todas bajo la ley. Cualquier cosa que se pida será dada. Si una persona pide por el diablo, él vendrá; si pide por un ángel, uno vendrá. Todo estará programado. La tarea es encontrar el programa correcto.

La magia blanca también nos permitirá dirigir la Luz de tal manera que los niños retardados serán capaces de encontrar su balance y equilibrio, su cordura y claridad, y convertirse en estudiantes que avanzan. Las virtudes y otros potenciales ocultos dentro de una persona serán extraídos.

La Voluntad y el Propósito de Dios están programados y metidos en nuestros bolsillos, nuestra computadora, y serán traídos a la manifestación. Cuando una persona nace, es como una bellota; es un pequeño «algo» que contiene al roble entero. Ese «algo» es el programa que está en el interior. Si el entorno correcto es proporcionado, la bellota se convertirá en un inmenso roble. Un ser humano está programado para convertirse en un dios. En los Salmos está escrito que somos dioses. Pero cuando Cristo recitó este salmo a la gente, ellos se enojaron y preguntaron: «¿Cómo un hombre puede convertirse en Dios?» Aun así, se encuentra en todas las sagradas escrituras que los humanos son dioses potenciales.

La novena predicción es que para el año 2075 toda la enfermedad desaparecerá. Un rayo de energía será descubierto, el cual sanará todo tipo de enfermedad. Una persona ingresará en una pequeña cámara llena con la energía de este rayo especial y emergerá totalmente purificada. Todos los virus, microbios y bacterias que se encuentran en los cuerpos físico, emocional y mental, serán removidos. Será posible ver esta «suciedad» dejando los cuerpos. Una gran aspiradora la recogerá y la convertirá en fertilizante.

Sucederá que si un Iniciado decide que ya no puede usar más el cuerpo que tiene, lo dejará para tomar uno nuevo. Por ejemplo, si él desea ser un poco más alto, con cabello más oscuro, y cosas similares, tomará tal cuerpo para adecuarse a futuras responsabilidades.

La muerte desaparecerá totalmente. No necesitaremos cementerios. Las tumbas son la prueba de que la humanidad es tonta. Si no fuera por nuestra estupidez, no necesitaríamos tumbas. Hemos cometido tantos errores durante millones de eras que estamos cavando nuestras propias tumbas. La idea de un cementerio derrota a la Deidad interior. Cristo dijo: «Oh muerte, ¿dónde está tu aguijón? O tumba, ¿dónde está tu poder?» No hay poder en la muerte. La muerte ya no tendrá poder sobre nosotros porque la muerte no puede tener poder sobre Dios.

La décima predicción es que en o alrededor del año 2080, el miedo, el odio, la cólera, los celos, la venganza y la ambición habrán dejado de existir. Estos topos están comiéndose nuestras raíces. Nos castigamos con miedo, odio, cólera, celos, venganza y ambición.

La ausencia de emociones y pensamientos negativos no significa que los Señores del Karma se quedan sin trabajo. La Ley de Causa y Efecto siempre operará, pero, en vez de operar debido a nuestras transgresiones, operará por nuestra labor de Luz. Por ejemplo, si una persona mata a alguien, esto es karma. Pero si, por el contrario, le enseña a alguien, esto también es karma.

El karma se convertirá en magia blanca. Es causa y efecto lo que se encuentra en muchas formas en muchos niveles. En vez de producir resultados negativos, podrá producir resultados positivos. Una persona podrá salvar las vidas de quinientas personas, y luego unos mil años después, esas personas se convertirán en sus instructores. Él tendrá esta oportunidad porque les salvó la vida.

Es importante mirar al futuro con optimismo y no tomar las cosas dentro de una perspectiva limitada. Recuerda las palabras de *La Leyenda de Shamballa*: «El amanecer está a solo unos minutos». Las olas continúan golpeándonos, una tras otra, pero podemos empezar cada nuevo año con visiones hermosas. Seremos capaces de cerrar nuestros ojos, morir y regresar en 2080 cuando las personas ya no se odien unas a otras. Regresaremos preguntándonos: «¿Qué mundo extraño es éste? ¿No hay miedo? ¿Cómo sucedió esto?».

Algunas veces pensamos que, sin miedo y cólera, no existimos, que una relación entre un hombre y una mujer sin celos no tiene sentido, que la venganza es el poder del hombre. ¿Qué existirá en vez de todo ello? *¡Amor!*

La undécima predicción es que en el año 2085 el Ángel Solar será grabado en vídeo para que una persona pueda ver a su Ángel.

Con este avance, la soledad desaparecerá. La soledad es una de las mayores trampas en el Sendero. La soledad es una gran enemiga que nos atrapa a cada momento. Debido a que estamos atrapados en la soledad, hacemos las cosas más destructivas en el mundo. Cuando la soledad se vaya, una persona se dará cuenta que tiene todo dentro de sí misma y que está completa. Al ir en mucha profundidad dentro de estas ideas, podemos encontrar cuán verdaderas son.

En *La Leyenda de Shamballa*, encontramos que se menciona que la soledad es uno de los portales hacia Shamballa. El tipo de soledad a la que se hace referencia en esta instancia significa el poder de una actitud desapegada en la que nada puede imponer su voluntad sobre una persona o sacarla del Sendero. Esta referencia no toma a la soledad en el sentido usual, sino que nos reta a comprender lo que la soledad significa esotéricamente.

La soledad, como se comprende comúnmente, es un deseo por tener a alguien junto a nosotros para apoyarnos o para obtener apoyo. La gente usualmente piensa que, si no tiene a otros alrededor para estos propósitos, está solitaria.

La duodécima predicción es que el alma humana, o espíritu, será fotografiado en el centro corazón de cada hombre. Esto sucederá alrededor del año 2145. Será posible ver tu verdadero rostro, en adición a tus cuerpos, espejismos, ilusiones, así como tu Alma. A esto se refirió el Nuevo Testamento: «Lo vemos como si fuera en un espejo, pero luego Lo veremos cara a cara».

A partir del año 2200, la mayoría de las personas bajo la guía de los Grandes Seres aprenderán a dejar sus cuerpos físicos conscientemente.

En 2250 aprenderán a dejar sus cuerpos astrales.

En 2300 aprenderán a dejar sus cuerpos mentales.

Durante estos trescientos años, aprenderán a construir el Templo, o el Loto, dentro de su mente superior y a utilizar las energías de luz, amor y sacrificio.

En 2400, una gran cantidad de personas se convertirán en Arhats y su consciencia estará enfocada en el Plano Intuicional.

A partir del 2500, algunos grandes grupos vivirán como Triadas. Actualizarán su Verdadero Ser en luz, en amor y en belleza o sacrificio.

De 2600 a 2700, empezarán a construir sus cuerpos intuicional y átmico, y a comunicarse con los planos correspondientes del sistema solar.

De 2700 a 3000, el Plan Jerárquico estará totalmente cumplido, y el Rey Espiritual habrá logrado Su Propósito.

Las fechas dadas aquí no son fechas fijadas por profetas. El destino de la humanidad está en sus propias manos. Las fechas pueden variar de 10 a 100 años de acuerdo a las respuestas o reacciones de la humanidad a las energías entrantes.

El Instructor dijo: «Son los pensamientos humanos, el esfuerzo y las visiones los que crearán lo ‹nuevo›»

Lo «nuevo» en este libro es lo «nuevo» que, desde el inicio de este siglo, ha venido desenvolviéndose y floreciendo, tal como una semilla se desenvuelve y florece hacia su flor.

Bienvenidos al Olimpo del año 3000.

PRELUDIO

La Leyenda dice
que este mundo
tiene un Capitán
y Él se llama
el Señor del Mundo,
el Eterno Joven,
Sanat Kumara.

Tiene un gran Concilio
con Seres superhumanos
muy, muy avanzados.

Luego está la Jerarquía,
la Iglesia Invisible
el grupo de los Maestros
de Sabiduría,
los iluminados
Hijos del hombre.

Esta Jerarquía
tiene tres departamentos principales
que se llaman los departamentos de
la voluntad,
el amor-sabiduría,
la inteligencia activa.

Los jefes de estos departamentos
son tres Joyas
en la Jerarquía.

La Jerarquía
Está dividida en
siete grupos.
Estos grupos
son llamados
grandes Ashramas.

El primer Ashram
se ocupa de la política;
el segundo, de la educación;
el tercero, de la filosofía
o comunicación.
El cuarto es
la fuente de inspiración
para las artes
y también crea
armonía a través del conflicto.
El quinto es para la
ciencia concreta.
El sexto
es religión.
El séptimo
se ocupa de la economía,
las finanzas, reglas, órdenes,
y ceremonias.

Esta Leyenda
está escrita
para el futuro
de la humanidad.

El futuro de la humanidad
es el resultado
del Propósito
del Señor,
el resultado
del Plan
de la Jerarquía,
el resultado
del trabajo pesado
de la humanidad,
el resultado
de todas nuestras aspiraciones
y esfuerzos,
el resultado
de todo nuestro servicio desinteresado
uno para el otro,
y de
nuestros sacrificios para alcanzar el Futuro.

EL GRAN CONCILIO

La Cámara del Concilio Interno de Shamballa
estaba sentada
como una estrella de fuego oro rubí
de siete puntas.

Había tres
Seres ancestrales con ojos de Loto,
y frente a Ellos ...
el Rey.

Frente al Rey
estaban las tres Luces
Quienes eran como
brillantes ruedas de siete colores.
Las escrituras Las llaman
por varios nombres.
Son los tres Budas
Quienes son los engranajes
de todas las ruedas de movimiento
en el mundo.

Alrededor de estas estrellas
había círculos
de Seres
como enormes diamantes
multicolor.

Esta era la Cámara
del Concilio
de Shamballa,
el hogar
del Padre.

Era luna llena
en mayo de 3000 d.C.
El gran Señor
del Mundo
llamó a
las tres grandes Llamas
de los tres departamentos
de la Jerarquía
y los siete Líderes
de los Siete Rayos
a su Cámara del Concilio –
Shamballa –
y dijo:

Mis guerreros,
Mi Espíritu
está contenido
con lo que Ustedes hicieron
para este pequeño planeta
en el vasto Espacio.

Los rayos del Sol
ahora están danzando en círculo
en cada átomo,
en cada forma,
en cada hombre.

El cuadrado está roto
el triángulo es superado,
y el círculo reina
en su majestuosa sinfonía.

La Tierra
ahora está navegando
dentro de
billones de
anillos eléctricos
de los rayos
del Sol.

El calendario
de evolución
fue cumplido
con bastante cercanía,
y el pulso del
Sol Espiritual Central
es sentido
dentro del corazón
de cada forma.

Por lo tanto, el Imán Cósmico
iniciará
un nuevo ritmo
en la vida
del planeta,
elevando al planeta
a un nuevo peldaño,
a su debido tiempo,
en la escala
de otra

ronda de fuego...

Mis Guerreros,
a lo largo de todos los siglos
Mi Corazón
estuvo dentro de sus corazones,
manteniendo Sus pasos
en el sendero
de servicio
sincrónico con
el ritmo
del Corazón del Cosmos.

Y ahora
una nueva estrella
está brillando
sobre la cabeza
de cada uno de
Mis Guerreros.

Debido a su
indivisible
trabajo ardiente,
Ustedes son capaces
de expandirse
un poco más
hacia la
Presencia Cósmica.

Muy pronto
serán llamados
a una labor
mayor,

más osada,
en el sendero
del Infinito
para demostrar
la mayor Belleza
de Su Divinidad innata.
Por lo tanto, una capa más profunda
de Su Gloria Interior
será revelada
a Ustedes.

Y mientras van
de gloria en gloria,
esparcirán
en Sus campos de trabajo
mayor armonía,
mayor belleza,
mayor poder,
y mayor,
mayor sencillez.

Muchos, muchos hijos de los hombres
están listos para
tomar el arado
en sus manos
que Ustedes
tan sabiamente usaron
para cultivar
los campos
de todos los esfuerzos humanos.

El Gran Concilio
quiere escuchar

Sus informes
y luego establecer
nuevas direcciones
para un aun mayor
Futuro.

Primero quiero
los informes
de Mis tres Diamantes
en la Jerarquía, Quienes,
como un Triángulo de Fuego,
transmitieron
Mi inspiración
a los siete Ashramas
en los Siete Rayos.

Y ahora
Mi amado Hijo,
Quien fue capaz
de penetrar
a través de todas las capas
de maya
y resucitar
la Divinidad
dentro de Sí Mismo
por primera vez
en la historia
del planeta,
y Quien ha realizado
servicio de sacrificio
por la Vida Una
a lo largo de todos Sus días;
Aquel cuya sangre

a lo largo de las eras,
gota a gota,
se transformó en
rosas
y floreció
en el aura
de todos los colaboradores fieles;
Cuya labor creó
muchas, muchas culturas
y civilizaciones
y construyó
el puente
por primera vez
entre el Padre
y el Hijo,
entre el Corazón del Cosmos
y el corazón del hombre –
Él debe dar
Su informe
a este Concilio
de Shamballa.

EL COMANDANTE

Hubo silencio
en la Cámara
del Señor.

Todos los ojos
de los grandes Guerreros
voltearon hacia
el Comandante
del Ejército
de la Luz –
el Acuario,
el Cristo.

Él era un pilar
de llama blanca
alrededor de quien
un arcoíris
estaba fluyendo
en espirales.

> Padre,
> Fue Tu Voluntad
> La que traté de despertar
> en todos los hombres.
> Traté de liberar

Tu Presencia
a través de Mí,
sin oscuridad.

Fue Tu Voluntad
la que se convirtió
en la escala de ascenso
para Mí
y para
Mis hermanos.

A través de Tu Voluntad,
cada paso
nos acercó más
a nuestro esencial
Ser
en el que Tus Ojos
brillaban cada vez más,
inspirando valentía,
servicio y sacrificio,
revelando
capas más profundas
de Tu Propósito.

Todas las Chispas de Vida
respondieron gradualmente
a Tu llamada,
y el caos se convirtió en Belleza.

Estamos de nuevo
en el Sendero
de nuestro
destino Cósmico.

En todo Mi trabajo,
Mis Hermanos
en el Triángulo Ardiente
y en todos los Ashramas
trabajaron y sirvieron
como una sinfonía
en mayor
y mayor
cooperación.

En Nuestra cooperación
aprendimos
los secretos de
la Ley de Síntesis,
que era
la aguja de la brújula
de Tu Propósito.

Aprendimos a vivir
en Tu Propósito,
servir
en Tu Propósito,
y conocer
Tu Propósito
como el más elevado,
el Bien supremo
por cada Chispa,
en cada Chispa
en el Fuego
viviente,
amoroso.

En todos tus Ashramas
la Jerarquía,
por todos estos
millones de años,
nunca ha dejado
de usar la espada
de Tu ardiente
Voluntad.

Es con esta espada
que iniciamos
a Tus discípulos
en el campo
de servicio,
dedicación,
y total renunciación.

Con esta espada
Construimos el Sendero
para los peregrinos
hacia el Hogar.

Con esta espada
Nosotros protegimos
a la humanidad
de las flechas
de intenso poder
lanzadas hacia
Nuestras esferas
por la logia oscura
y dirigidas
por sus agentes

a este planeta.

En todos Nuestros esfuerzos
hemos trabajado para
una cosa –
para revelar Tu Voluntad
y condicionar a la humanidad
a cooperar
y entonces
ser uno
con esa Voluntad.

Eventualmente
establecimos
las ceremonias sagradas
de las Iniciaciones,
y,
Mi Señor,
por primera vez
en la historia de la humanidad
las personas vieron
el Cetro de tu Siervo
y Tu Cetro
con diamantes llameantes
hecho por el fuego
de un rayo.
Vieron estos Cetros
operando para desplegar
ciertos pétalos del Loto,
incluso para destruir
los pétalos
y liberar la Joya.

Qué honor es,
Mi Señor,
para la humanidad
presenciar estas ceremonias,
ver los Cetros
en las ceremonias de Iniciación,
y aspirar a ser uno
de los Iniciados.

Usamos el Fuego del Amor
y la Luz de la
electricidad mental Cósmica
para iluminar
todo el planeta
y hacer que
cada unidad de Vida
se dé cuenta que
la humanidad en su conjunto
es una entidad
que viaja
hacia esferas superiores
del Sistema Solar,
de la Galaxia –
al Universo
y más allá ...

A lo largo de las eras
la sangre de
Tus Guerreros
fue derramada
en el camino de la Vida,
sobre los desiertos de la ignorancia,
y sobre las rocas

del orgullo humano,
la codicia y el egoísmo.

Pero de cada
gota de sangre
una nueva vida
fluyó,
un nuevo héroe
nació,
un nuevo fuego
se encendió,
y nueva labor,
nuevo esfuerzo,
nuevas, nuevas flechas
de aspiración,
dedicación,
y decisión
perforaron
el manto de la oscuridad
alrededor de la Tierra.

La Humanidad –
Nuestro jardín –
al fin comenzó a florecer,
y fue
una gran alegría y dicha
ver Nuestro trabajo
creciendo como un
jardín en plena floración
desde el barro
hacia niveles elevados
de existencia.

Muy pronto
Nos dimos cuenta
que cada Ashram
en niveles subjetivos
e incluso la Torre,
Oh, Señor,
estaba rodeado
con flores de toda belleza
que florecían.

Supimos que
la humanidad
triunfaría
porque Tu Corazón
estaba pulsando
en cada corazón.

Nuestra gran,
gran gratitud
hacia Ti,
Padre,
por Tu gran sacrificio,
el cual permitió
que todas las Chispas
que viven en este planeta
encontraran el camino
al Hogar.

Nuestra gratitud
a Tus silenciosos colaboradores,
quienes a lo largo de las eras
ayudaron al planeta,
los grandes Kumaras,

los grandes Mensajeros
desde el Sistema Solar
y la Galaxia,
y al Señor Buda,
Quien sincronizó
Nuestro latido
con el pulso
de Tu Propósito
durante siglos
y proporcionó
energía para Nosotros.
Nuestro agradecimiento para Ellos.

Acepta Nuestro trabajo,
Oh, Señor.

Todas las Chispas de Vida
se unen a nosotros hoy
para expresar gratitud
por Tu eterno
sacrificio.

Gloria, Gloria,
gloria
a Ti,
Padre».

Reinó
un profundo silencio
en la Torre.

En ese silencio,
la sinfonía de síntesis

estalló
como fuegos artificiales Cósmicos
de color y forma.
Entonces Cristo continuó:

> Mis Colaboradores
> del Triángulo Ardiente
> en la Jerarquía –
> el Señor Manu y
> el Señor de la Civilización –
> informarán
> cada uno en Su turno».

El Señor del Mundo,
Melquisedec,
Quien estaba sentado
en un Loto dorado, radiante
con pétalos de fuego,
respondió:

> *Tu labor está registrada*
> *por los grandes*
> *Señores del Karma.*
> *Tu labor*
> *es el poder*
> *elevándote hacia*
> *logros futuros*
> *en Nuestro Sistema Solar.*
> *Habrá un lugar*
> *para Ti*
> *para ser parte*
> *del Cáliz*
> *del gran, gran*

Señor Todopoderoso
de Siete Sistemas Solares
donde Tú demostrarás
mayor sacrificio.

Ahora, mi Guerrero,
Manu,
déjanos escuchar
sobre Ti.

EL MANU

Mi Señor,
fue un trabajo difícil
cumplir tu Voluntad
a través de todas las
razas,
naciones,
reinos de la Naturaleza
y grandes agrupaciones planetarias.

Pero lo hicimos.
Nosotros inspiramos
a gente en la Tierra
para unirse
y resolver
sus diferencias
y crear grupos –
más grandes y más integrados.

> Inspiramos
> a los líderes de estos grupos
> para integrar y sintetizar
> los pequeños grupos
> en un todo mayor
> hasta que tuvimos

las Naciones Unidas.
Esta fue la semilla
del actual gobierno mundial
que está en contacto
con el Ashram
del Primer Rayo.

Ahora tenemos
un mundo.
No hay fronteras;
no hay pasaportes.
Cualquiera puede ir
a cualquier lugar del mundo
y sentirse como en casa.

Hay una gran
mezcla de las razas.
Todos se sienten como uno.
Y por esta unión
la salud de la humanidad
es mejorada fundamentalmente.

Nos obligaron
a acabar con algunas
áreas de contaminación.

Movimos muchas áreas
hacia el océano
y elevamos
tierras purificadas
desde el fondo
del mar.

Aquellos que estaban
kármicamente maduros,
perecieron por millones.

Partes de los
continentes sumergidos
estaban en la costa oeste
de Canadá
así como partes de la tierra
llamada los Estados Unidos.

Partes estaban en
el Medio Oriente y
en el Mediterráneo.

Parte estaba en Japón
y sus alrededores.

Algunas en Asia Central
y en América del Sur.

Ahora tenemos
nuevas tierras
en muchos océanos,
especialmente el océano
llamado el Pacífico.
Estas tierras son buenas
para habitar
y para una cultura superior.

La contaminación química
de la Tierra y los humanos
perturbó el equilibrio

de energías,
controlando el planeta.

Trajimos nuevas energías
de algunas constelaciones
y las liberamos
sobre la Tierra.

Esto creó
una nueva respuesta
en el cerebro
de la humanidad.
Los humanos respondieron
de mejores maneras
a la Ley del
Progreso Grupal».

Es apropiado
que el Señor de la Civilización
continúe.

EL SEÑOR DE LA CIVILIZACIÓN

El Señor de la Civilización,
Quien trabaja bajo
el Tercer Rayo mayor,
y opera los Rayos Cuatro, Cinco,
Seis y Siete –
Se levantó
y con gran reverencia dijo:

> Mi Señor,
> Nosotros trabajamos
> principalmente a través de la cultura.
> Intentamos por medio de
> todos Nuestros Ashramas
> iluminar
> las mentes de los hombres
> y liberar
> la luz enterrada
> bajo capas pesadas
> de prejuicio,
> superstición,
> ilusión,
> ignorancia y codicia.

La liberación
de esta luz
creó
la nueva civilización
que hoy tenemos.

Sería apropiado,
Mi Señor,
si cada Líder
de los Ashramas principales
hablará por Sí mismo».

El Señor del Mundo
permaneció en silencio
por un momento.
Luego, volviéndose hacia
el futuro Manu,
el Príncipe Rajput,
dijo:

Mi Rey Guerrero,
este augusto Concilio
te escuchará.

EL ASHRAM DEL PRIMER RAYO

El gran Príncipe
un pilar de luz rubí,
dijo:

> Mi Señor,
> por fin pudimos
> formular la Ley
> para todas las naciones
> y hacer que los líderes observen
> la Ley Una
> para el planeta.
>
> Mi Señor,
> fuimos capaces,
> después de un arduo trabajo,
> de emancipar a las mujeres
> de la esclavitud de los hombres
> y de la esclavitud
> de sus propios espejismos
> de actuar como hombres.
> Ahora el principio femenino
> está en pleno florecimiento
> y el principio masculino
> está en plena gloria.

Una de Nuestras tareas
era informar a
los líderes de todas las naciones
sobre la acumulación
de peligros...

Mi Señor,
algunos líderes
estaban tan cegados
por su poder,
lujo e ignorancia
que no pudimos
ayudarlos inmediatamente.

A menudo, después de Nuestras advertencias
un maremoto de peligro
vino y
los eliminó.

Perdimos a menudo
grandes colaboradores,
mensajeros en este sendero
de servicio...
pero no Nos dimos por vencidos
en Nuestros esfuerzos
para impresionar la necesidad
de una nueva civilización
y una nueva cultura
en el cerebro
de la humanidad.

Mi Señor,
Estuvimos en guardia
cada minuto
durante todos estos siglos
para destruir
todo lo que impidió
la síntesis de las razas.

Los hijos de la Tierra
necesitaron trabajo arduo
para ver
el sendero de la unidad.

Trabajamos principalmente
con estadistas
por todo el mundo.
Década tras década
sembramos las semillas
de unidad
y síntesis
en sus mentes.

El Señor Agni
y muchos cientos de devas
en el plano mental
Nos ayudaron.

Tuvimos grandes dificultades
con los que estaban estancados
en su superioridad racial
o el llamado nacionalismo.
Pero, eventualmente,
empezaron a ver

más allá de ellos mismos,
y la integración
de las razas del hombre
comenzó.

Mi Señor
una de Nuestras labores fue
destruir la nube
que envolvía la Tierra,
una nube que estaba
actuando como un satélite,
transmitiendo a la humanidad
todas las formas de maldad.

Esta nube, Mi Señor,
se formó en el Espacio
a partir de todas las malas intenciones
de los miembros de la humanidad
expresadas a través de sus pensamientos,
palabras y acciones,
y como un gran vampiro,
estaba succionando la alegría
de la humanidad.

Ahora la gente es libre
de las transmisiones
de esta nube satelital
y puede pensar
claramente,
en armonía
con el bien supremo
para la humanidad.

Movimos grandes masas
de gente
de un lugar a otro
para ayudar a la fusión
de las razas.

Ahora tenemos
una raza,
una humanidad,
con un idioma global principal,
y cada miembro
de la humanidad
se enorgullece
de ser parte
de una humanidad.

Así eliminamos
el gran desperdicio
de armamentos
que estaba succionando
la sangre vital
de la humanidad
y que fue un gran
factor contribuyente
a la contaminación,
la enfermedad,
y el sufrimiento.

Poner fin a las guerras
entre naciones
mejoró la salud
de los tres vehículos
de la humanidad
y la salud
del planeta.

Y todos los recursos
regresaron a la humanidad
para construir
su nueva civilización.

Limpiamos
todas las armas de todo tipo –
incluso de museos –
porque los niños
del Futuro
estaban tan perturbados
cuando los historiadores explicaron
lo que el hombre había hecho
con estas armas
a su compañeros
humanos.
El último museo de armas
fue destruido
por los ciudadanos,
y los museos de armas
ya no forman
parte de su
historia y cultura.

Todos los submarinos y buques de guerra
ahora están moviendo universidades
sobre los océanos de la Tierra
en las que grandes Iniciados
enseñan
la sabiduría del Sol.

La Enseñanza que
dimos a la humanidad
fue la sabiduría de Shamballa,
filtrada a través
los Ashramas de los Maestros.

Dimos la Enseñanza en tres
etapas –
el enfoque intelectual,
el enfoque intuicional y
el enfoque de la voluntad –
para integrar
la personalidad
y fusionarla con
el Alma,
y luego pasar más allá
a la conciencia
de la Chispa.

Tuvimos muchos problemas
con las llamadas escuelas esotéricas
en el mundo.
La tarea más difícil
para ellos
fue renunciar a
cosas relacionadas
con el nivel pasado
de su evolución
y seguir adelante
con la nueva fase de la Enseñanza
y apropiarla
al nivel actual
de su evolución.

La Enseñanza como un todo
siempre estuvo bajo ataque.
Agentes de la oscuridad
trataban continuamente
de mezclarla con ilusión
a través de canales,
profetas y médiums sucios.
Intentaron crear
caos
en la mente de los débiles,
fanatismo
en los que tenían espejismos,
reacción
en los que percibían
pero no veían el motivo
detrás de la Enseñanza.

Tuvimos dificultad para
hacer que la gente entendiera
la infalibilidad de
la Enseñanza de Luz
en todas las edades
y no atacara
la Enseñanza que fue
necesariamente condicionada
por el nivel
de algún Instructor en especial
o por el nivel
de aquellos a quienes
la Enseñanza
fue presentada.

Intentamos mantener
su atención en la sustancia
de la Enseñanza –
que siempre fue,
es y será –
y descartar
los elementos que eran
superficiales y limitados
en el tiempo y el espacio
para su nivel de logro.

Esto finalmente desarrolló
una discriminación,
la cual se convirtió en
la antorcha
en sus manos
conduciendo hacia el
Infinito.

Agni Yoga,
el yoga de síntesis,
el yoga de vida,
ahora se enseña
en todas las escuelas.

Tenemos millones
de Agni Yoguis,
quienes viven en el
fuego del Propósito
e irradian
su esencia
a través de su vida
sacrificada,

y así prepararse
para la evolución superhumana.
Su conciencia
ahora está enfocada
en su Triada Espiritual.

En la actualidad
la sabiduría de Shamballa –
el Fuego –
es presentada
a la humanidad
a través de la Luz
de siete corrientes de poder –
los Siete Rayos.

Estos Siete Rayos,
que son las fuentes
de una sabiduría séptuple,
son presentados
en todas las formas de educación,
y la humanidad
está en contacto más cercano
con la Fuente de estos Rayos.

Gracias Mi Señor,
por darme
esta oportunidad
de trabajar
para la humanidad».

Bien hecho,
Mi Guerrero de Antaño.
Ahora necesito escuchar

al Líder
del segundo gran Ashram,
Que tuvo un gran trabajo
y una poderosa tarea para
la preparación
para el gran
ciclo venidero.

EL ASHRAM DEL SEGUNDO RAYO

El Señor del Ashram del Segundo Rayo,
inundado de
luz azul pura,
se levantó
y con gran solemnidad,
dijo:

Mi Señor,
trabajamos a través de
lo que se llamó
educación.
A través de la revelación gradual,
hicimos que
los corazones de los hombres
sintieran
la unidad de la vida.

Intentamos unir
los corazones de los hombres
con el Centro
del Corazón del Sol,
y precipitar
compasión
en sus corazones.

Inspiramos
a grandes organizaciones filantrópicas
y así se pavimentó el camino
para la unidad mundial
y la hermandad.

En el presente,
todas las escuelas
están organizadas
de tal manera
que hay
una meta
más elevada que la
especialización.
Esa meta es
alcanzar la etapa
de continuidad de conciencia
y descubrir al Ser Uno.

El hilo de esta Enseñanza
comienza en el jardín de infantes
y llega hasta
Nuestros Ashramas.

Todos los que trabajan
en educación
están gradualmente impresionados,
más y más,
por la Sabiduría
de las Eras
proporcionada a ellos
por la Jerarquía,
por los Ashramas,

y por grupos especializados
en los Mundos Superiores.

Así, son ahora
sensibles a
la llamada de Servicio,
la llamada del Plan que avanza,
y a la llamada
del Propósito Uno.

Así, la humanidad
está en el proceso
de fusión
con la Jerarquía.

Los siervos de las tinieblas
de los niveles Cósmicos
trataron duramente
de mantener estas almas
en cautiverio
en los planos
físicos y astrales.
Fue muy difícil
para Nosotros
hacer contacto con sus almas
y retransmitirles
el Plan
de la Jerarquía.

Pero eventualmente,
a través del trabajo arduo,
discípulos de muchos campos
despertaron a la juventud.

Uno de Nuestros grandes trabajos
fue liberar a
muchos aspirantes
de las trampas de los
narcóticos,
el tabaco
y el alcohol
en los que estaban atrapados
debido a su
aspiración,
frustración,
y la fuerte influencia
de la sociedad.

Hoy,
casi nadie
usa alcohol.
Antiguos fabricantes
de tabaco, alcohol,
y narcóticos
están trabajando duro
en diferentes campos
para eliminar el karma
que trajeron
a su sendero.

Con la eliminación
de estos tres grandes enemigos
del progreso,
penetró mayor luz
en la mente de los hombres.

Ellos se orientaron hacia objetivos;
empezaron a esforzarse,
a trabajar,
a servir,
a sacrificar,
a vivir
no solo para ellos mismos
sino también para otros.

Inspiramos
en todos los campos
de todos los Ashramas
la llama de la educación.
Nos enfrentamos
a grandes peligros
cuando, a través de la educación,
la gente intentó
usar su conocimiento
unos contra otros.

Hubo un grave peligro
cuando liberamos
el conocimiento
desde los Templos de los Misterios
a las masas, a través de la educación.

Hoy,
la educación es
la expansión del amor y
la expansión de la conciencia
para abrazar
niveles superiores del ser.
Es educación

para sacrificio y servicio.

Hoy,
la educación está en contacto
con la Mente
del Universo.
La Educación
es el proceso constante
de convertirse
en Uno mismo...

Con Su permiso,
Mi señor,
¿puede el Líder
del Ashram de Tercer Rayo
continuar?».

Él puede continuar.

EL ASHRAM DEL TERCER RAYO

Y el Señor del Tercer Rayo,
vestido de una túnica
de amarillo puro,
con una estrella
de cinco puntas
sobre Su pecho,
dijo:

> Mi Señor,
> Nuestra tarea
> fue hacer que la gente
> pensara en la mente abstracta
> a través de varias filosofías
> que proporcionamos
> a través de Nuestros Iniciados
> y discípulos
> en el mundo.
>
> Había una gran muralla
> entre la mente inferior
> y la superior
> de la humanidad.
> Intentamos primero
> cerrar
> esa brecha.

Proporcionamos
las técnicas superiores de
pensamiento intuitivo,
conocimiento directo
y razón pura,
análisis y
síntesis.
Hoy
toda la humanidad es capaz
de construir el puente
a través de esta brecha
entre los mundos.

Ahora,
toda idea
puede volverse
práctica,
y toda experiencia
se puede elevar
a reinos ideales.

Usamos, entre otros,
la Ciencia de la Impresión
para traer ideas
de Fuentes Superiores
para ayudar a la humanidad
a sentir,
a reconocer,
a meditar,
y usar
las ideas.

Así, año tras año
el porcentaje
de los que eran sensibles
a impresiones más elevadas
se incrementó.

Y ahora
esta mayor
Ciencia de la Impresión
es enseñada
en las escuelas
a través de varias maneras –
a través del color,
a través del movimiento,
a través de la danza.

Un gran número de hombres
son tan sensibles
que no necesitan
los mecanismos de comunicación
de eras pasadas.
Para ellos,
la telepatía ha reemplazado
al teléfono;
la clarividencia ha reemplazado
a la televisión.

Muy a menudo
los niños ahora se preguntan
sobre la ignorancia de
sus antepasados,
quienes permitieron
Que existiera

una historia de guerra
causando destrucción,
discriminación injusta,
y crimen.

Es ahora
realmente difícil
hacer entender a los niños
que en tiempos antiguos
un hombre tomó un cuchillo
y mató a otro hombre,
o que aviones de guerra
o cohetes
bombardearon ciudades
y destruyeron
vida y objetos.

A veces, cuando ven
cualquier medio de seguridad
como cerraduras,
ellos ríen
y ríen.

Mi Señor;
el mundo nunca
volverá a las condiciones
de las que fuimos testigos
por tantos
miles de años.

Había
elementos endurecidos
en la raza de los hombres,

quienes siempre estuvieron
contra Nuestros planes.

Ellos estaban
en todas las naciones,
en todas las razas,
en todos los países.

Había aquellos
que estaban atrapados
en la materia,
en el cuerpo, en el sexo,
en la propiedad,
en el dinero.

Pero ahora las mismas almas,
una vez liberadas
de sus viejos espejismos
e ilusiones,
son los sirvientes
de la humanidad...

Deseo, Mi Señor,
dejar que el Líder
del Ashram del Cuarto Rayo
continúe».

Permítele continuar.

EL ASHRAM DEL CUARTO RAYO

Y el Señor
del Cuarto Rayo,
vestido con una túnica verde,
con un arcoíris
en Su pecho,
dijo:

> Mi Señor,
> Nosotros tratamos
> de sintetizar las naciones
> a través de la Belleza:
> belleza en la forma,
> belleza en el sonido,
> belleza en el color,
> belleza en el movimiento,
> belleza de la Naturaleza,
> belleza de la ética,
> belleza del Plan,
> belleza del servicio,
> belleza del sacrificio.
>
> > Usamos todas estas bellezas
> > a lo largo de las eras.
> > A través de Nuestros Iniciados
> > y discípulos,
> > eventualmente
> > fuimos capaces
> > de despertar

a la Belleza que duerme
en cada hombre,
la Belleza de
la Presencia Divina
en cada hombre.

Nuestros teatros
están en los bosques,
en las cimas de las montañas,
en las orillas
de los océanos.
A través del arte,
enseñamos
el misterio de la creación,
el misterio del Cosmos,
el misterio del
intercambio de energía
de planetas,
sistemas solares,
galaxias.
Nuestro arte es ahora
el espejo
del Futuro.

En el arte,
la gente ve la posibilidad
de su logro futuro.
Ven su divinidad
en el camino
de la perfección.

En los grandes dramas
de la vida,

los seres humanos
ahora pueden ver
cómo las fuerzas creativas Cósmicas
están en acción.

Todo lo que hacemos
en el Cuarto Rayo
tiene la meta
de liberar,
etapa por etapa,
a la Gloria Interior
en todas las personas
para que escuchen
la sinfonía
de las estrellas
en sus corazones.

El arte se ha convertido
en su pan de cada día;
escuelas, casas y edificios
del mundo
son obras
de arte real
construidas bajo un plan
que crea
una sinfonía Cósmica
o drama
cuando se mira
colectivamente.

Enseñamos a la humanidad
el secreto de la música
a través del cual ellos ahora

pueden curar cualquier condición,
ya sea física
o social.
A través de la música
pueden sintonizarse
con cualquier nivel
de conciencia,
cualquier planeta,
o cualquier centro
en el planeta
y usar este contacto
para lograr una mayor
perfección
en su seidad.

Hay un gran, gran
trabajo en curso
en el planeta.
Todos han
captado la visión
del Futuro.

En tiempos antiguos,
la gente estaba atada
al pasado.
Solían chismear
criticar, calumniar,
y menospreciarse unos a otros,
o hundirse en
los recuerdos del
pasado.

Entonces se convirtieron en
los esclavos del
llamado presente.
Todo lo que hacían
era salvar
su propia piel –
y trabajar
y soñar
que existían.

En la actualidad,
todos piensan a través
del Futuro.
Eventualmente, aprendieron
que la causa
de toda mejora,
la causa
de toda verdadera labor y esfuerzo,
era el Futuro –
es el Futuro.

E intentamos
poner la visión
del Futuro
en sus corazones.
Cada obra de arte
en el presente
es un libro
de instrucción.

Ahora,
los artistas no pueden comprender
por qué en la era pasada

la gente creó
arte por el bien
del arte.
Ahora el arte es
un medio mágico
de revelación,
de transformación
y transfiguración.
Incluso usamos el arte
para minerales,
para plantas
y animales.

La iniciación de
las Chispas
en todas las formas de vida
fue llevada
en las alas del arte ardiente...

Pero, Mi Señor,
deja que el Líder
del Ashram del Quinto Rayo
continúe sobre
todo esto.»

Mi Guerrero
del Quinto Rayo,
puedes continuar.

EL ASHRAM DEL QUINTO RAYO

El Señor del Quinto Rayo,
A quien llamaron
la Rosa de Dios,
vistiendo una túnica
de colores naranja,
índigo y amarillo
y con el símbolo de una llama
sobre Su pecho,
se acercó al Gran Señor
y dijo:

> Mi Señor,
> trabajamos muy de cerca
> con todos los Ashramas.
> Intentamos penetrar
> en la luz
> del Quinto Rayo
> y revelar cíclicamente
> la profundidad del conocimiento
> de las energías, fuerzas,
> leyes y principios
> del Cosmos
> y relacionarlos
> a la necesidad
> de Nuestra humanidad
> planetaria.

Avanzamos
un largo camino.
La mayoría de Nuestros Iniciados
y discípulos
llevaron a cabo esta labor
mientras soportaban la persecución
y estaban bajo fuego.
Pero lo hicimos;
creamos la ciencia
todo-Inclusiva y pura.

Creamos
grandes, grandes instituciones
de investigación,
de hechos,
de leyes
y energías.

Además, había
una tarea más difícil
que la del descubrimiento
y el contacto con
la fuente del conocimiento.

Muchos, muchos seres humanos
retrasaron su progreso
al hacer mal uso de Nuestra información,
o usándola para
su propia
destrucción.

Necesitamos la ayuda
de todos los Ashramas

para aniquilar el peligro
inherente en el
mal uso del conocimiento
de descubrimientos.

Cada vez que
les dimos
una fórmula,
fue utilizada
por la satisfacción
de su odio,
su miedo o placer,
o para su propia
destrucción.

Fuimos incluso informados
que el Ashram del Primer Rayo
había usado muchas
maneras
para destruir a
los abusadores.
De este modo
Nos sentimos aliviados
de gran tensión.

Muy a menudo
la humanidad alcanzó
el borde
de la auto-aniquilación
a través de Nuestros descubrimientos.
Pero, con la ayuda
de estadistas y diplomáticos
inspirados por

el Ashram del Segundo Rayo,
una vez más,
la humanidad se salvó.

Incluso tuvimos momentos
donde pensamos
que debíamos dejar
este planeta
y retirarnos.

    Pero la humanidad,
    de una manera misteriosa,
    actuó con rectitud
    y escuchó
    el Llamado de la Vida
    procedente de
    la Torre,
    Oh, Señor de la Vida.

También tuvimos
gran dificultad
en pasar Nuestros descubrimientos
a los científicos adecuados
cuyos corazones
estaban en sus lugares correctos
y que sabían
cómo salvaguardar
los secretos
para no filtrarlos
de sus mentes.

Las fuerzas oscuras
nos dieron la mayor dificultad

dejando caer algunos secretos
en los cerebros
de esos científicos que estaban
inclinados a la mediumnidad
y orientados negativamente
hacia los valores humanos.

Tuvimos mucho cuidado
para transmitir fórmulas de conocimiento
según el nivel
de logro
de la humanidad.

Pero las fuerzas oscuras
estaban muy ansiosas
de plantar fórmulas
robadas de los cerebros
de científicos descuidados
hacia los cerebros
de aquellos que,
sin discriminación
y conocimiento total,
las pondrían
en el mercado
y causarían grandes obstáculos
en el sendero del progreso
de la humanidad.

Así,
muchos descubrimientos científicos
fueron prematuros,
inmaduros,
fuera del contexto

de la imagen general
del Plan.

Por ejemplo,
algunos medicamentos
curaron enfermedades y
luego crearon
reacciones adversas.
Pero si esa medicina
hubiera sido dada
cien años después –
debido a los recién acondicionados
cuerpos y psiques –
habría sido
totalmente útil.

Así,
mucha gente hermosa
fue perjudicada.
Los que iban
a ser grandes líderes
de la humanidad
fueron retrasados
por la previsión
de las fuerzas oscuras
y sus agentes.

Aprendimos que
el nivel de conciencia
y el nivel de seidad
deben ser considerados
antes de que cualquier fórmula
sea pasada a las manos

de la humanidad.

En un nivel,
esa fórmula
puede ser constructiva;
en otro nivel,
totalmente destructiva.

Impresionamos
sobre la mente humana
que
los logros mecánicos de la ciencia
deben ser paralelos
a la actualización
y manifestación
de la gloria interior
en el hombre.

Todo lo que la ciencia ha creado
son como sombras de la realidad
existiendo en el espíritu
del hombre.
El hombre debe eventualmente
manifestarse
como un centro
de omnisciencia,
omnipresencia,
omnipotencia.

El hombre no puede
elevar su espíritu
volando a mil doscientos metros
o en el espacio lejano.

Ni puede volverse clarividente
o clariaudiente
viendo la televisión.
Un doctor no puede alcanzar
la inmortalidad consciente
dependiendo de su conocimiento
de las artes curativas.
El poder de la omnipresencia
no se puede actualizar
por estar en contacto con
el otro lado del mundo.
El hombre es igual a sus
poderes y virtudes interiores.
Las expresa
como su radiación,
como su fragancia.
Los seres humanos
tienen todo tipo de capacidades
para ser
llamas desplegadas
o nuevos amaneceres radiantes.

Ellos aprendieron, mi Señor,
que
más conocimiento
o mayor control
sobre la Naturaleza,
o la colección de objetos naturales,
no los llevan a la libertad y la alegría
y la Autorrealización.

Vimos científicos que,
al final,

maldecían todo lo que sabían,
todo lo que tenían,
y aquellos
que bendecían la vida
por todo lo que eran.

Aprendieron, eventualmente,
que
los cambios
inducidos artificialmente
sobre las formas vivas de la Naturaleza
fueron transgresiones
contra la Naturaleza –
cuya conciencia es
millones de veces mayor
que la conciencia
de los pequeños químicos
o doctores.
Eventualmente, mi Señor,
la gente aprendió a cooperar
con la Naturaleza
y a no interferir con
su dinamismo.

La mayor labor
que emprendimos
fue crear
instrumentos que
finalmente convencieran
a la humanidad que
había un
cuerpo etérico,
había

un aura
y chacras,
el Loto
y el Morador Interior –
y además,
muchos invitados no deseados
alrededor del hombre.

Eventualmente proporcionamos
los medios para comunicarse
con aquellos que dejaron
sus cuerpos.
Esto se hizo
con gran precisión científica.

Así eliminamos
el miedo a la muerte
y mucho dolor y sufrimiento,
y sus consecuencias futuras
fueron desechadas.

La gente ahora
puede fotografiar
el alma saliente del hombre;
ellos pueden fotografiar
las flores ardientes
de energías
en los vehículos del hombre;
incluso pueden ver
la gloria del alma
humana...

A través de estas máquinas,
el humano promedio
puede determinar
la etapa de evolución,
la etapa de la virtud
o sublimación
de cualquier persona,
y encajar a cada uno
a su
tarea adecuada
en el Plan.

A través de estas máquinas
un hombre es
un libro abierto.
Pasa por delante
de la máquina,
y los Arquitectos
ven todo lo que necesitan
ver.

Todo esto se ha hecho
para utilizar los recursos humanos
más constructivamente
bajo la Ley de Economía.

Creamos estas máquinas
copiando la estructura interna
del Tercer Ojo.
Pero para unos pocos
discípulos muy avanzados,
las máquinas se volvieron obsoletas
a medida que desarrollaron

su propio Ojo
orgánicamente,
y despertaron
con ojos altamente clarividentes,
con oídos altamente clariaudientes.

Ahora tenemos a aquellos
que pueden enseñar y demostrar
los mayores misterios
de los siete sentidos.

Uno de los
senderos más exitosos
en Nuestra línea
es la sanación.
Los sanadores rara vez intentan ahora
curar el cuerpo denso
directamente.
La mayor parte de su trabajo
está en el cuerpo etérico.

Sintonizan el cuerpo etérico
de la gente
con el fuego de la electricidad –
con el fuego del amor,
de la sabiduría,
de la voluntad.
Estas son las energías
que ahora usan
para curar vehículos humanos
en tres niveles.

La cirugía es ahora
una ciencia obsoleta,
ya que los humanos entienden
que el cuerpo físico
es la sombra
del prototipo etérico.

La mayoría de los humanos en la actualidad,
sabiendo que se dirigirán
a nuevas tareas,
se retiran voluntariamente,
dejan sus cuerpos,
y entran
conscientemente
en planos
más elevados
y sutiles.

Sus cuerpos físicos
son quemados para liberar
todos los elementos de apego
y contaminaciones.

En esta era,
revelamos a la humanidad
los secretos de la electricidad trina
bajo Tu mando,
Mi Señor...

Puedo continuar por más tiempo
si deseas, Mi Señor,
pero déjame cerrar diciendo
una cosa más –

El mundo está ahora
libre del miedo
de la muerte,
y está
más integrado
como una sola Hermandad
de la humanidad».
El que Preside dijo:

Muy bien hecho.
Y ahora quiero escuchar
sobre la labor
del Líder
del Ashram de Sexto Rayo.

EL ASHRAM DE SEXTO RAYO

Y el Señor del Ashram de Sexto Rayo,
vestido con una túnica
de rosa plateado y rojo
y con el símbolo
de una flecha azul
en Su pecho,
se acercó al Gran Señor
y dijo:

> Mi Señor,
> Nuestro trabajo se relacionó
> con las religiones
> del mundo.
> Enviamos cíclicamente
> a Grandes Seres,
> encarnaciones de Luz y Amor,
> de nuestros Ashramas
> para guiar a la humanidad
> en el sendero
> de contacto
> con lo más elevado
> en el hombre
> y el Universo.

Pero después de que retiramos
a los Mensajeros
de vuelta al Hogar,
la degeneración
de la religión
tomó lugar
y los Templos
se convirtieron en bazares.

Y esto sucedió
en todas partes,
en todas las épocas
en la historia
de la humanidad.

Casi siempre
la Enseñanza que dimos
estaba distorsionada
por espejismos humanos,
fanatismo,
ilusión,
deseo,
y egoísmo,
a tal grado
que se
manifestó completamente
en las vidas
de muchos predicadores
y líderes religiosos
como un estorbo
a la Enseñanza pura.

Enseñamos el desapego;
ellos manifestaron
las peores formas
de apego.

Enseñamos amor;
ellos manifestaron odio,
y eventualmente
los líderes religiosos
crearon ejércitos
oponiéndose
el uno al otro.

Eran sólo
Nuestros discípulos,
esparcidos en todos los ejércitos,
quienes eventualmente
formularon
en sus mentes
los patrones
de una nueva
religión mundial.

Entonces vinieron
los días del trueno
y relámpago,
los días de las mayores
Revelaciones,
cuando el Señor Cristo
con Sus discípulos,
y armado con miles
de Ángeles,
comenzó a caminar de nuevo

en esta Tierra –
Y los hombres en todas partes
lo vieron
con gran terror, esperanza,
éxtasis
y un temblor...

Sus discípulos y Ángeles
se dispersaron por todo el mundo,
hacia todas las naciones,
y hablaron con la gente
de la gloria oculta
en el corazón del hombre.
Hablaron de La
Hermandad Una de la Humanidad,
de la religión una
que todos podían
comprender
según su propia
actualización del amor...

Ahora, Mi Señor,
hay luz.
hay un Plan.
hay un destino
en cada corazón.

La humanidad nunca había visto
las ceremonias ahora en curso
con toda solemnidad
para iniciar discípulos
hacia una conciencia superior,
expandiendo su conciencia

hacia los misterios
del Universo.

Su presencia, Mi Señor,
dio a luz a una
Religión Universal –
un puente entre la humanidad
y el Altísimo
Señor.

Esta religión
Fue aceptada
sobre la autoridad
de la experiencia personal
y se basó en
las Ciencias de la Invocación,
Evocación y Contacto.

A través de estas ciencias,
ellos pudieron
recibir sabiduría
desde Arriba
y energía
de Altas Fuentes.

Y ahora Nosotros
tenemos
la religión mundial,
la Enseñanza de
la Jerarquía de la Luz,
la cual explica
los secretos de
purificación total,

los secretos de
preparación para
iniciaciones superiores.

En el presente,
en todos los templos e iglesias,
los Grandes Seres
están preparando
a los aspirantes
para las primeras y segundas
iniciaciones,
presididas
por el gran Señor,
Cristo.

Estas ceremonias
de iniciación
utilizan todos los descubrimientos
mayores
del Ashram del Cuarto Rayo,
la tecnología científica
del Ashram de Quinto Rayo,
y las fórmulas científicas
de ritual y ceremonia
del Ashram del Séptimo Rayo.

Iniciamos a aspirantes
hacia una mayor
responsabilidad,
esfuerzo, servicio,
y sacrificio
cuando están listos
para cumplir los requisitos

conscientemente.

Así preparamos a los
candidatos para
iniciaciones mayores.

Las catedrales
del mundo,
que estaban antes vacías,
ahora están llenas
con iniciados.

La religión del
Futuro,
que el Señor Cristo
inspiró,
se ha convertido
en un dialogo entre
la Presencia Todopoderosa
y el hombre.

Los grandes edificios
de los Masones
ahora se utilizan
conscientemente y
preparan a los hombres
para grandes avances
hacia Mundos Superiores.

Restauramos
los misterios de todas las eras,
revelando a través de ellos
las capas más profundas

de significado
y significancia.

No existe ningún conflicto
en el presente
entre ninguna religión,
porque la nueva religión
reveló la esencia
y la unidad
de todas las religiones.

Los líderes
de las religiones
se someten
a una educación
y disciplina arduas
para que ningún ciego
enseñe a los ciegos.

Hay una universidad
en el mundo
para el Ministerio,
y solo aquellos
que estén listos
para sostener la carga
de este Ashram
son capaces de atravesarla
para recibir
su certificado
para el servicio.

En esta universidad,
muchos Maestros
son Instructores.

Todo nuestro trabajo
es traer
a la humanidad
bajo la jurisdicción
de la Cabeza
de la Jerarquía –
el Cristo –
para que
a través de Él,
el Principio Cósmico
de amor
se derrame y aumente
en todos los departamentos
de la Naturaleza
en compasión,
sencillez,
belleza...

Si es posible, Mi señor,
deja que el Líder
del Ashram del Séptimo Rayo
continúe.»

Déjalo proceder.

EL ASHRAM DEL SÉPTIMO RAYO

El Señor del Ashram del Séptimo Rayo,
vestido con una túnica
de color violeta
y con un símbolo
de tres círculos entrelazados
de color blanco
sobre Su pecho,
habló:

> Mi Gran Señor,
> Nuestro Ashram
> manejó
> la situación económica
> en el mundo
> y mejoró
> la interacción financiera.
>
> Como resultado
> de Nuestro trabajo,
> Todos los seres humanos
> aprendieron a compartir
> conscientemente
> todo lo que tuvieran,
> todo lo que eran,
> todo lo que supieran.

Hay
una gran abundancia
en la Tierra
por el
uso consciente
de la materia y la energía.

Todos
tienen todo
lo que necesitan.
Nadie
se identifica
con nada.

Y si alguien
necesita algo,
es proveído
para él.

Todo el dinero del trabajo humano
va al banco,
y cualquiera puede
sacar la cantidad
que necesite.

Hay una
sola moneda.
Nunca cae;
nunca sube.
Todos estos juegos
fueron las pesadillas y la diversión
del pasado.

Nadie
acumula dinero
porque tiene
lo que necesita.

La codicia, las mentiras,
y las explotaciones
han sido aniquiladas.
Expresamos
gratitud al trabajo
de todos los Ashramas.

Nuestras fábricas,
Nuestras máquinas,
Nuestros aviones
y naves espaciales
no hacen
ruido.
Ni ellos
irradian corrientes
o frecuencias
destructivas.

Al fin
en la historia
de la humanidad,
el ruido ha sido aniquilado
y reemplazado
ya sea con silencio,
o con
sonido armonioso
o música.

El Ashram del Quinto Rayo
trajo una gran ayuda
a este punto.

Tampoco
tenemos
sobre población,
ya que nadie quiere casarse
si él o ella
no está en el estándar
para dar a luz
cuerpos sanos.

Las relaciones ilegales
son casi
inexistentes
porque la energía sexual
está sublimada
al centro de la garganta
y las personas tienen sexo
solo como un deber
para proveer
el cuerpo
para un alma en espera.

A través de tal
sublimación,
un gran porcentaje
de la miseria
que resultaba
del matrimonio,
el parto,
y el divorcio,
es aniquilada.

La alegría de la
creatividad
en reinos superiores
reemplazó la emoción del sexo
en el que los seres humanos
estaban esclavizados.

Los Grandes Maestros
en grandes universidades
enseñan el misterio
del sexo y matrimonio,
y todos los que se casarán
deben graduarse
de estas universidades.

Los fuegos de
todos los centros inferiores
están sublimados
hacia sus correspondientes
centros superiores,
y el sexo no
presenta ningún problema
en esta Nueva Era.

También tenemos
nuevas formas de
usar el fuego
del Espacio
y el fuego
del Sol.

Las máquinas de transporte
y todas las fábricas

trabajan a través de estas
energías combinadas.

Ninguna contaminación
es arrojada
al aire,
al agua,
a la tierra.

Con la ayuda
de todos los Ashramas
y con el Ejército
del gran Señor Cristo,
el Nuevo Grupo de Servidores del Mundo,
con gran dificultad,
por fin limpiamos
toda la contaminación
de las esferas
de este planeta,
de sus océanos
y de la tierra –
una contaminación
que casi estaba
poniendo en peligro
la corriente de vida
del planeta.

También tuvimos
muchos problemas con los
monopolios –
con grandes, grandes
organizaciones materialistas
de muchas naciones.

No hubiera
sido tan fácil
que se rindieran
si el brazo
del Señor
del Primer Rayo
no les hubiera ayudado
a comprender
la vanidad
de sus apegos.

Cada nueva idea
que introdujimos
se encontró con resistencia
de grandes intereses,
pero luego
las maneras y los medios
fueron encontrados
para hacer que estas nuevas ideas
sirvieran a sus intereses.

El Ashram del Primer Rayo
trabajó muy de cerca
con Nosotros.
Removió
todos los obstáculos,
facilitando así
el crecimiento
del Espíritu
de la Nueva Era.

Creamos
ceremonias y rituales
para traer el Espíritu
a una relación más cercana
con la materia,
para permitir al Espíritu
manifestar
la gloria
del Cosmos
a través de cada
forma
en desarrollo y despliegue.

Lo sé, Mi Señor,
éste es solo el comienzo
para todos Nosotros.

Otra área
donde enfocamos
Nuestra atención
fue la Hermandad
de grandes héroes.

Les dimos
rituales y ceremonias
a través de los cuales
penetraron en una
comprensión más profunda
del trabajo
del gran Arquitecto
del Universo.

Abrieron para muchos
la belleza,
la sabiduría,
la gloria
del Templo Más Interno –
el Templo no construido
con las manos.

Hoy sus Ashramas
son centros
de gran iluminación
y transfiguración.

En todo Nuestro trabajo,
tuvimos la ayuda
de muchos Ashramas,
Oh Señor.»

Luego descendió
una vez más
un profundo silencio
en la Cámara del Concilio
de Shamballa.

Alrededor de la asamblea
de los Grandes Seres
estuvieron presentes Grandes Taras,
grandes mujeres Maestros y Chohanes,
quienes a lo largo de las eras
ayudaron a los Grandes Seres
a lograr Sus planes.
El Anciano de los Días,
mirándolos,
dijo –

Los más bellos
lirios en el Universo –
con Su labor
sacrificada
y persistente,
vertieron
rayos de luz
en forma humana –
los escudaron, los atemperaron
hasta que estuvieran listos
para revelar su sabiduría
a la humanidad – e incluso a los Ángeles.
Así, a lo largo de las eras,
proporcionaron corrientes
de luz y amor y belleza
para fluir hacia los corazones
de cada Raza -
Gloria a Ustedes ...
y gratitud
desde cada corazón vivo
en el Cosmos.

EL FUTURO

Y el Señor del Mundo
continuó:

Hay tres
objetivos muy inmediatos
a los que quiero
llamar Su atención,
Mis Guerreros.

El primero es
la Enseñanza de la Voluntad.

Debemos planificar
y formular
las maneras y los medios
para crear
nuevas instrucciones
sobre la Voluntad
como una fuerza de vida inteligente y amorosa,
como energía,
como un enlace
entre el hombre
y el Centro

donde la Voluntad de Dios
es conocida.

En todos los Ashramas,
el tema de la Voluntad
debe ser analizado,
penetrado,
y precipitado
en las filas
del Nuevo Grupo
de los Servidores del Mundo,
dentro de los cuales
ahora tienen
muchos Iniciados
avanzados.

Por supuesto,
siempre hay peligro;
pero el Señor Cristo
allanó el camino
con la energía
de Su Amor,
que trajo a la humanidad
rectas relaciones humanas
y buena voluntad.

Ahora es el momento
para distribuir
a gran escala
la energía de la Voluntad
en todos los
esfuerzos humanos.

Esto revelará
otra capa
de la Divinidad esencial
en el hombre.

Esto permitirá
al hombre ver
más claro
en su corazón
el Propósito
que los Maestros
conocen y sirven.

El segundo objetivo
es preparar
los Ashramas
para la partida
del Señor Buda y del Señor Cristo
a esferas superiores
del más Altísimo.

El Señor Cristo
será reemplazado
por el Guerrero
del Segundo Rayo.
El será el Ungido,
el Cristo,
para la nueva humanidad.

Cualquier movimiento dentro del Universo
moviliza reacciones en cadena
para las cuales Ustedes,
Mis Guerreros, estarán listos

hasta que lideremos esta humanidad
a su Séptima Ronda.

Así, el Avatar del Amor
Sacrificado
nos dejará
cuando Su obra
sea consumada en la Tierra.
Las Grandes ceremonias y rituales
solares y zodiacales
serán promulgadas
para Su gloria
y expansión
en su Próxima
Iniciación con el Señor Buda.

Esto afectará
a cada Chispa de vida
en el planeta.
Todos
Lo reconocerán
como el Guerrero,
el Conquistador,
y el Mensajero
de Dios
y del hombre –
Mi Hijo.

Esto durará
nueve años,
y los ecos
de estas festividades subjetivas
se extenderán

como olas de cultura superior
en las costas
de la vida humana
en todos los departamentos.

Esto elevará
a toda la humanidad,
y muchos darán un paso
más elevado en el sendero
de la evolución
y el Infinito.

Después de nueve años
Nuestro Hermano,
la Cabeza del
Ashram del Segundo Rayo,
se moverá
a la posición
del Cristo,
el Instructor del Mundo.

Y el Líder
del Ashram del Primer Rayo
ocupará la posición
del Manu ...

Así tendremos
un movimiento constante
y trabajos mayores
en los grandes campos
del Cosmos.

Nunca olviden
que la Chispa
dentro de Ustedes,
el Verdadero Tú,
avanzará
hacia el Infinito.

Y cada nivel
será
más interesante
y desafiante.

Todos los departamentos
del esfuerzo humano
serán dirigidos por uno
de Sus Iniciados,
y así, la energía
de la Torre
se extenderá
como una red
de electricidad
en todos los sistemas
de actividad.

Es después
de esta gran fusión
que los Ángeles
que resguardan los senderos
del Cosmos
se moverán y abrirán
las puertas,
y una nueva Luz Cósmica
brillará

en las frentes
de la humanidad.

Es por eso que
la principal tarea de Cristo
era enseñar
y demostrar
el misterio de la Voluntad,
la energía de la Voluntad,
la aplicación de la Voluntad.

Estén listos
para la llamada final
cuando recibamos
la Orden Cósmica.

La trompeta de Shamballa
anunciará
el amanecer.

Su próxima tarea
es proteger a la
humanidad
del mal Cósmico.

Estén vigilantes
en una escala Cósmica
para romper las flechas oscuras
antes de que lleguen a
la esfera de la Tierra.

La Enseñanza de la Voluntad
en gran extensión

permitirá a la humanidad
luchar
contra el mal Cósmico,
y
«sellar la puerta
donde habita el mal».
Habrá
peligro de ataque,
pero cada ataque
será una nueva llamada
para una mayor fusión
con Shamballa.

El Ojo de Shamballa
nunca dormirá.
Vigilará
cada señal
procedente de
las profundidades Cósmicas.

A través de la energía
de la Voluntad,
Ustedes construirán
en todas partes
la red de
la Era de Acuario.

A través de esta red,
el poder y el fuego
de Acuario
serán transmitidos
a cada átomo,
a cada forma
en el mundo.

Dentro de esta luz,
el hombre estudiará
el Libro de la Vida,
el Libro del
Yo Esencial.

El Instructor del Mundo
explicará
a la humanidad
las tres fases
de la Voluntad.

Primero, Él enseñará
la Voluntad
tal como se expresa en
el Plano Físico Cósmico.
Esto será
para la humanidad en general.

Luego, Él enseñará
la Voluntad
desde el punto de vista del
Plano Astral Cósmico.
Esto será
para los hijos de los hombres
avanzados.

Después, Él enseñará
la Voluntad
desde el punto de vista del
Plano Mental Cósmico.
Esto será
para grandes Iniciados.

La Enseñanza Les dará
a Ustedes y a la humanidad
todo lo que se necesita
para proteger el planeta
de los ataques
de fuerzas oscuras
procedente del
Plano Astral Cósmico.

Es por eso que,
a través de los años,
hubo una orden
para desarrollar
la energía de la fuerza de voluntad
en la humanidad
a través de una vida
de dificultad,
esfuerzo,
disciplina,
y trabajo
como preparación
para esta fase.
Durante muchos siglos
la línea básica
en todas las actividades de la vida
fue desarrollar
Voluntad
para
«sellar la puerta
donde habita el mal».
Es la Voluntad
la que domina –

y hace de un hombre
un Maestro.

Mis Guerreros,
estas tres tareas
Los confrontan.
Sé qué tan listos
están,
con qué precisión
están preparados;
pero Yo quiero
recordarles
acerca de la
eterna vigilancia.

Solo a través de la
eterna vigilancia
uno se convierte en
un Ojo,
un Iniciado
en el Plano Mental Cósmico.

En el presente,
tenemos el mando
del Señor Solar
para sembrar las semillas
para el próximo
Sistema Solar.

En el Sistema Solar anterior,
la inteligencia se desarrolló
a su grado más alto.
En este Sistema Solar,

el aspecto amoroso
del Señor Solar
comenzó a manifestarse
con su belleza.

En el próximo Sistema Solar,
el aspecto voluntad
del Señor Solar
se manifestará
en toda su gloria.

Así,
en el próximo Sistema Solar,
las Mónadas de Voluntad
tomarán en Sus manos
un rol mayor
en el trabajo
de evolución.

Todo esto, por supuesto,
ocurrirá
en el distante, distante
Futuro –
pero no hay casi
distancia, en realidad,
entre el ahora y
el Futuro.
Solo hay
el eterno Ahora ...

En este momento,
debemos intentar

plantar las semillas
para millones de años
hacia adelante,
viendo en cada semilla
el despliegue
del siguiente
Sistema solar.
Sólo trabajando
para el Futuro
serán cumplidas
las tareas
del presente.

La gran Vida,
el Acuario ardiente,
está derramando
Sus Aguas de Vida
sobre los jardines
del Futuro.

Mientras nos esforzamos
para plantar semillas
para el próximo
Sistema Solar,
la vida en este globo
mejorará
más rápidamente
y creará
una cultura superior,
una civilización
superior.

La nueva cultura
será
la expresión de
la Inteligencia refinada,
la expresión del
Amor más puro
y la Voluntad inteligente,
y amorosa.
Será
la expresión del contacto
con el Yo interno,
del contacto con
Shamballa, el Hogar del Padre.

La nueva cultura
será el sendero
de la Transfiguración
de la humanidad
y un enlace con
los valores de
la cultura futura.

Es en la cultura
donde los más altos esfuerzos
de la humanidad
deben ser
reflejados.

Y debido a
la unidad
del mundo,
los frutos culturales
de la humanidad

pertenecerán
a todos los hombres
en todas partes.

En los viejos tiempos
el hombre trabajaba seis días
para satisfacer sus necesidades.
Ahora trabaja
tres días para satisfacer
sus necesidades físicas;
el resto – cuatro días –
se dedican a cultivar
los poderes divinos que duermen dentro de él.

La cultura es el alimento
del hombre interior.
Los Instructores de la humanidad

deben inspirar más y más
a la humanidad
con el esfuerzo
real, cultural,
un esfuerzo hacia
la Fuente Cósmica del Fuego.

La Gloria Divina,
revelada en el hombre
en un grado parcial,
debe expresarse
en Su total belleza.

La Cultura es
la manifestación y la veneración

del fuego Divino
en la humanidad.

La Cultura es
cooperación con
los fuegos creativos
de la Naturaleza.
La integración
de la humanidad
dentro de sí misma
y con Shamballa
tendrá lugar
sólo a través
de la cultura,
sólo a través del
esfuerzo ardiente,
que es la cultura en
sí misma.

El siguiente paso
es la entrega
a la humanidad
de la Ciencia
de Relación
o la Ciencia
de las Energías
entre las estrellas
y el hombre.

Ahora la humanidad
ha incorporado
en su religión
la ciencia de las estrellas

y el efecto
de sus energías
en los centros
y en la vida en general.

Este fue un gran acierto
para Mis Guerreros.
Pero una Enseñanza mayor
debe estar por venir
sobre la Ciencia de las Energías.

Es hora
de que la humanidad conozca
las verdaderas tonalidades musicales
de los signos zodiacales,
sus colores correspondientes,
centros, órganos,
elementos químicos
y movimientos simbólicos.

Los Líderes del
Ashram del Séptimo Rayo,
en cooperación con los Ashramas
del Cuarto, Quinto y
Sexto Rayo,
deben presentar
a la humanidad
los rituales y ceremonias
que permitirán
al hombre entrar
en un mayor contacto
con fuentes de poder zodiacal
y usar los signos

en su secuencia
esotérica,
o en reversa.

Nuestra meta
es liberar
a la humanidad
de sus
Prisiones
planetarias y solares.

El Ashram del Quinto Rayo
proporcionó a la humanidad
la necesaria
inspiración
para construir
naves espaciales.
Pero, ahora,
son requeridos
métodos más económicos
para enseñar a la humanidad
un viaje espacial
por medio del cual
grupos avanzados –
no individuos –
visitarán
otros planetas
y Sistemas Solares
en la Galaxia.

La humanidad incluso
será capaz de acercarse
dentro de una cierta vecindad

de Shamballa
y será testigo
de Sus descubrimientos
en formación grupal.

Los verdaderos Instructores
de la tradición oculta
tuvieron éxito
al exponer
las muchas nubes
de espejismos de aquellos
que estaban impresionados
con esta parte
del Plan,
pero que,
debido a los fuertes espejismos,
desarrollaron muchos sistemas
de viaje astral
o proyección astral.

Utilizar
el cuerpo astral
como vehículo
de transportación
fue en sí mismo una prueba
de que ellos eran
viajeros en el mar
del espejismo.

El viaje espacial real
puede ahora ser introducido
a los miembros
del Nuevo Grupo

de Servidores del Mundo
porque muchos de ellos
destruyeron sus
cuerpos astrales
y conquistaron sus
cuerpos mentales.
Ahora pueden erguirse
en la esfera ígnea
de sus
reinos intuicionales
y empezar el
verdadero viaje espacial.
Solo el fuego
de la Intuición
protegerá al Yo
de las fuerzas
destructoras en el Espacio.

> *El viaje por la tierra*
> *puede ser manejado*
> *en el plano mental superior;*
> *pero los viajes espaciales*
> *y los viajes en la Galaxia*
> *necesitan vehículos*
> *búdicos y átmicos.*

Tenemos otro campo
En el cual trabajar.
En este último milenio,
los seres humanos desarrollaron
conscientemente su visión etérica
como resultado de su disciplina
de pureza.

Muchos de ellos
tienen clarividencia
astral y mental.
Ahora es el momento
para restaurar
el Tercer Ojo
dentro de todos los miembros
de la humanidad, el Ojo
que hace mucho tiempo
se sumergió
en el cerebro
como la glándula pineal.

La contraparte etérica
de este Ojo
todavía existe
en planos superiores.
Algunos Iniciados
ahora están listos
para nacer
con Su Tercer Ojo.

Ellos nacerán
en esos hospitales
donde los doctores
son también
ocultistas o
Magos Blancos.

En siglos pasados,
algunos de Ellos llegaron
con Su Tercer Ojo existente,

pero la profesión médica
consideró tales casos
anormales y peligrosos.

No será
considerado así
en este y
en siglos venideros.
Aquellos que tienen
Su Tercer Ojo
serán Líderes
en cada sección
de la humanidad.

En cada escuela
tendremos
un Iniciado
con un Tercer Ojo,
Quien verá
la vida mental
de los estudiantes,
también sus deudas
y posibilidades kármicas;
Quien registrará
las corrientes de energía
que los afectan
y detectará las fuentes
de estas corrientes
para detenerlas o recanalizarlas,
si fuera necesario,
hacia otros campos.

Muy pronto,
después de una planificación minuciosa,
el currículo
de este procedimiento
deberá ser distribuido
a los Líderes
del Nuevo Grupo
de Servidores del Mundo.

Ellos no solo enseñarán
sobre el Tercer Ojo
sino también
sobre el Ojo – la Joya
en el Loto.
Deben instruir a
los Instructores de la humanidad
cómo contactar a la Joya
en el Loto
y liberar su gloria.
Como bien saben,
la Joya en el Loto
es el Ojo dentro de la forma
de hombre
del Ojo del Señor Solar!

Recordemos
que cada Yo
es un Ojo
del Señor Solar.

La expansión de
la visión de la humanidad
es el mayor desarrollo

del gran, gran Ojo
del Señor Solar.

Con todos estos deberes
y responsabilidades,
tenemos otra
muy seria
tarea.
Como todos sabemos,
la puerta de la iniciación
estará abierta
al reino animal
por orden
del Señor Solar.

Cuatro especies de animales,
debido a su
servicio de toda la vida,
serán iniciadas
lentamente en
el reino humano.

Al principio no
crearán problemas,
pero, a medida que aumentan en número,
ellos manifestarán
sus instintos animales
y vicios
en varios colores
y grados.

Ellos manifestarán
emociones violentas,

impulsos y deseos
dejados atrás
por la humanidad
hace eras.

Esto será
como traer
una bestia salvaje
a Su templo
en el momento
de Su más sagrada
ceremonia.

¿Cómo van
a manejar
estos problemas?
Porque todos Ustedes
a lo largo de los siglos
han recogido
preciosa experiencia,
es Su decisión
organizar
un Plan adecuado
para resolver este problema
y mantener este peligro
a una expresión mínima.

Recuerden
que la presencia
en el mundo
de tantos
Iniciados avanzados
y de la Jerarquía

evocará
fuerzas violentas
en estos
animales humanos.

Estos animales
fueron escogidos
por su servicio
y sacrificio
a favor de la evolución humana:
el elefante,
el caballo,
el perro,
el gato.

Ellos deben ser
distribuidos inteligentemente
y con la plena
cooperación de aquellos
que los darán a luz.
Muchos de ellos
no lo lograrán
y morirán
en el útero.
Muchos de ellos
estarán adheridos
a sus formas sutiles.
Muchos de ellos
no preferirán
venir a través de los humanos.

Por todas estas razones,
los grandes Ashramas

deben establecer clases
para su reorientación
antes del proceso de nacimiento.

Ellos deben ser
instruidos sobre
todas las emergencias,
procedimientos y
peligros.
Ellos también deben
ser animados a
ser osados.

La mayoría de estos animales
ha tenido rechazos violentos
y experiencias dolorosas
con sus dueños
o con otros,
y pueden dudar
o incluso rechazar
la idea de entrar
en tal contacto
con la humanidad,
sintiendo
que tal contacto
limitará,
en un sentido,
la mayor parte de su libertad.

En el pasado,
Ustedes establecieron muy sabiamente
reglas y regulaciones
con respecto al matrimonio

y resolvieron los problemas
del sexo.
Pero estos animales
comenzarán
con el ABC
de estos problemas.
Deben encontrar
las maneras y los medios
para proteger
a los seres humanos,
quienes se encuentran
siglos por delante de ellos
y no violar
Nuestro código
de una humanidad
y de los derechos
de cada individuo.

El Ashram del Primer Rayo,
por supuesto,
ha notado muchas, muchas veces
en la historia
del planeta
que las leyes protegen,
pero que las leyes también
frenan el progreso.

Entonces, cada ley
debe estar a favor
del Futuro –
pero también debe satisfacer
las necesidades del
presente.

Los dejo para
planificar estos proyectos;
la ayuda completa
de todos los Áshramas
es necesaria.

> *Consideren también*
> *muy a fondo*
> *la Ley del Equilibrio*
> *al iniciar*
> *dos líneas de evolución*
> *que son ambas extremas*
> *pero que kármicamente*
> *están unidas.*

A medida que ciertos animales
encarnan,
otra línea de evolución –
el reino angelical –
empezará a encarnar
como humanos.
Ellos tendrán diferentes
características y
diferentes metas.
En ese momento,
Ustedes podrán
entrenar líderes
de tal manera
que estas evoluciones
trinas – ángeles,
humanos y animales –
procederán

en armonía,
en belleza.

En el pasado, Ustedes construyeron
las escuelas esotéricas avanzadas
en muchos países.
Ahora sus graduados
deben construir colectivamente
el Templo del Sol
con Siete Rayos.
Este templo será
la fuente de
todo el conocimiento
de los Siete Rayos.

Será construido
sobre una meseta
en una montaña alta
rodeado de arroyos,
cedros,
eucaliptos,
robles
y todo tipo
de flores.

Tendrá
diez secciones –
tres para los tres
departamentos de
La Jerarquía
y siete para
los siete Ashramas.

De este templo
irradiará
la sabiduría
del Sol.
Una vez al año,
los discípulos
de varias escuelas
se sentarán en conferencia
con las Cabezas
de los Ashramas.

Los que demuestren
la habilidad
serán invitados a
vivir en la Universidad
del Templo
y comenzarán su
evolución suprahumana
hacia Shamballa.

La sala central
en el séptimo piso
estará dedicada
al Instructor del Mundo.

Habrá
un gran salón
para visitantes de
nuestro Sistema Solar
y un punto de contacto con
fuegos zodiacales.

Nuestro destino
será hacer de la
humanidad
el Discípulo del Mundo,
el Maestro
del planeta,
el Maestro de Grupo.

Las dos primeras iniciaciones
han tenido mucho éxito.
La Tercera está extendiendo
una nueva luz universal
en todos los reinos
de vida.

La Cuarta Iniciación
liberará
a muchos prisioneros de amor –
Ángeles Solares –
para otras
responsabilidades de sacrificio.

Y no se sorprendan
de que algunos seres humanos avanzados
quieran servir
como Ángeles Solares
para hombres
recién encarnados
del reino animal!

Y la Quinta
preparará a la humanidad
para una mayor
revelación.

En todas estas
iniciaciones,
todos los Ashramas de Rayo
contribuirán a
preparar científicamente
ceremonias correctas,
rituales y sacramentos
que serán utilizados
en absoluta privacidad
por los Iniciados.

La ciencia del color
del sonido,
del movimiento,
de la forma,
y de la gran sinfonía
se utilizará.

El Color,
el sonido,
el movimiento,
y la forma
deben estar eléctricamente
relacionados con las Vidas
y Guardianes
del Fuego.

A través de todo esto,
el alma humana
deberá ser despertada
para mayores responsabilidades,
y una mayor visión
en el Sistema Solar,

el Zodiaco
y la Galaxia
será revelada.

Shamballa
siempre está lista
para dar cualquier ayuda.

Con esta realización,
vemos que
la función real
de la gratitud,
la adoración
y la veneración
es la fusión con
una mayor Realidad
en el Cosmos
y una mayor Libertad
en acción.

La última llamada
será para
la preparación de
la Sexta Raza Raíz.
Como Ustedes saben,
cada gran avance
es a través de la destrucción
de limitaciones.

Esta destrucción
está relacionada con
la forma
y se usa

como un medio para
una resurrección.

En todos los planos,
el Espíritu
será puesto en libertad
en los grados requeridos.
Y esto
puede ser traducido
como grandes cataclismos
en el planeta.

Estamos cerca
de la culminación
de la séptima subraza
de la Quinta Raza Raíz.

Ya algunas semillas
de la Sexta Raza Raíz
son arrojadas
en la esfera
de la Tierra.

En la formación
de la cuarta subraza
de la Sexta Raza Raíz,
grandes cataclismos
ocurrirán
debido al karma acumulado
de milenios pasados,
causando inmenso desastre.
Y la Sexta Raza Raíz
será reconocida
en su totalidad.

El planeta tendrá
un nuevo mapa.
La gente será
más etérica que física,
y será andrógina.

El Ojo que ve
el pasado,
el presente,
y el futuro
funcionará normalmente
en todos los hombres.

Este Ojo será
el Ojo que ve
la realidad,
que será utilizado
con conciencia intuitiva
total.

La futura Sexta Raza Raíz,
humanidad en general,
estará
en la etapa entre
la Cuarta y Quinta
Iniciación.

Y Aquellos que
pueden avanzar
un poco más lejos,
serán las semillas
de la futura Séptima Raza Raíz.

Las Razas del futuro
serán plantadas
por los Maestros
e Iniciados,
Y los niños
deben ser protegidos
de cualquier
influencia negativa.

Mis Guerreros,
Los dejaré
con estos pensamientos.

Fijen Sus ojos
sobre el futuro;
trabajen diligentemente
para las necesidades
del Futuro;
planifiquen lentamente,
sabiamente
y con gran
mesura.

Hay ahora
millones y millones
de Hijos de la Luz,
Hijos del Amor
y del Poder
listos para ofrecer
Sus vidas
a esta
gran causa.

Los bendigo
con las bendiciones
del Señor Solar
y los llamo
del descanso
A la labor.

Cuando el Anciano de los Días –
el Señor del Mundo –
terminó sus palabras,
una enorme esfera de arco iris
rodeó la
gran Asamblea
de los Señores.
Siete grandes Ángeles
sonaron Sus siete notas
en Sus caracolas doradas,
creando una Sinfonía Cósmica.
Los Taras con sus túnicas blancas se pusieron de pie
con gran reverencia
mientras que el Señor del Mundo
con Sus seis Acompañantes
y Presencias mayores
dejaron el Concilio
y desaparecieron.

Y de pronto
toda la asamblea
se convirtió en una esfera
de luces multicolores,
en la que solo vi
estrellas palpitantes.

GLOSARIO

Agni Yoga: La Enseñanza que se da para esta era y para la era venidera se llama la Enseñanza de la unión ardiente, o en sánscrito se llama Agni Yoga. Yoga significa unión. Agni significa fuego en su triple manifestación. Este fuego creará integración, alineación, unificación en el hombre, en la humanidad, en el sistema solar y en el cosmos.

Ashram: palabra sánscrita, se refiere a la reunión de discípulos y aspirantes que el Maestro reúne para recibir instrucción. Hay siete Ashramas principales, cada uno correspondiente a uno de los Rayos, cada uno formando grupos o focos de energía.

Vehículo Átmico: Cuerpo hecho de sustancia del Plano Átmico.

Avatar: Gran Ser de los campos solares o galácticos enviado cíclicamente para ayudar a la humanidad a progresar; son fuentes condensadas y encarnaciones de energía.

Vehículo búdico: Cuerpo hecho de sustancia del Plano Intuicional.

Centro: Cualquier vórtice de energía que se encuentre en un cuerpo humano, planetario o solar; ver también chacra.

Sol Central Espiritual: el Núcleo del sistema solar; el Sol es triple: el Sol visible, el Corazón del Sol y el Sol Central Espiritual.

Chacra: Vórtice de energía que se encuentra en cada vehículo, relacionado con una parte particular del cuerpo humano. Hay siete chacras primarios que comienzan en la parte superior de la cabeza:

(1) cabeza, (2) garganta, (3) corazón, (4) plexo solar, (5) bazo, (6) sacro, (7) base de la columna.

Cáliz: Ver Loto.

Plano Astral Cósmico: Ver Planos Cósmicos.

Imán Cósmico: El centro invisible del Universo.

Plano mental Cósmico: Ver Planos Cósmicos.

Plano Físico Cósmico: Se refiere al Plano Cósmico más bajo, que consta de los siguientes planos: Divino, Monádico, Átmico, Intuicional o Búdico, Mental, Emocional o Astral y Físico. Cada plano tiene siete subdivisiones, totalizando 49 planos de manifestación.

Planos Cósmicos: Los siete planos de manifestación Cósmica: Físico Cósmico, Astral Cósmico, Mental Cósmico, Intuicional Cósmico, Átmico Cósmico, Monádico Cósmico y Divino Cósmico.

Deva: Perteneciente al Reino Angélico, se refiere a seres que siguen una línea de evolución diferente a la de la familia humana.

Cuerpo etérico: La contraparte del cuerpo físico denso, que lo impregna y lo sostiene. Formado por materia de los cuatro subplanos etéricos. El patrón en el que se basa el cuerpo físico.

Gran Invocación: Una oración mundial publicada por primera vez en 1945 por Alice A. Bailey.

Grandes Seres: Seres que han tomado la Quinta Iniciación o superiores.

Jerarquía: La Jerarquía espiritual, cuyos miembros han triunfado sobre la materia y tienen el control total de la personalidad o del yo inferior. Sus miembros son conocidos como Maestros de Sabiduría, quienes son los custodios del Plan para la humanidad y todos los reinos que evolucionan dentro de la esfera de la Tierra. Es la Jerarquía la que traduce el Propósito del Logos Planetario en un Plan para todos los reinos del planeta.

Mundos superiores: aquellos planos de existencia que tienen una vibración de materia más fina que el plano físico. Generalmente se refiere al plano mental más elevado y superiores.

Iniciado: Persona que ha recibido una iniciación.

Karma, Ley de: La Ley de Causa y Efecto, o atracción y repulsión.

«Lo que siembres, cosecharás».

Kumaras: Grandes Seres de otras cadenas que vinieron a acelerar la evolución de nuestro planeta.

Loto: también conocido como el Cáliz. Se encuentra en el segundo y tercer plano mental (desde arriba). Formado por doce pétalos diferentes de energía: tres pétalos de conocimiento, tres pétalos de amor, tres pétalos de sacrificio. Los tres pétalos más internos permanecen cerrados durante eras. Son las fuentes dinámicas de los nueve pétalos exteriores. El Loto contiene la esencia de todos los logros de una persona, el verdadero conocimiento y el servicio. Es la morada del Ángel Solar.

Mahachohan: también conocido como el Señor de la Civilización.

Manu: Un Gran Ser que, en la primera Ronda de la Cadena Terrestre, trajo a la Tierra los arquetipos de todas las formas futuras. Señor del Primer Rayo.

Maestros: Individuos que tuvieron el privilegio de lograr maestría sobre sus cuerpos físico, emocional, mental e intuicional.

Cuerpo mental: El vehículo compuesto por la sustancia del plano mental en el que la humanidad se expresa a través del pensamiento.

Mónada: Otro término utilizado para referirse al Núcleo del ser humano.

Nuevo Grupo de Servidores del Mundo: Almas entrantes de la Nueva Era que trabajan para manifestar el Plan.

Plan: La formulación del Propósito del Logos Planetario en un programa viable – un Plan – por la Jerarquía planetaria para todos los reinos de la Naturaleza.

Propósito: Aquello que el Logos Solar está destinado a lograr al final de la evolución del sistema solar. El Plan es la formulación de este Propósito únicamente para nuestro planeta.

Sanat Kumara: La encarnación física de nuestro Logos Planetario; Él es el Yo Inferior, siendo el Logos Planetario el Yo superior; también llamado el Señor del Mundo, el Anciano de Días, el Iniciador Uno.

Siete Rayos: Estos son los siete Rayos primarios a través de los cuales todo existe. Son energía pura, que vibran a una frecuencia específica y se condensan de plano en plano, de manifestación en manifestación. Los tres Rayos primarios o Rayos de Aspecto son: El Primer Rayo de Poder, Voluntad y Propósito; El Segundo Rayo de Amor-Sabiduría; El tercer Rayo de Inteligencia Activa y Creadora. Hay cuatro Rayos de Atributo: El Cuarto Rayo de Armonía a través del Conflicto; El Quinto Rayo de Ciencia Concreta o Conocimiento; El Sexto Rayo de Idealismo o Devoción; El Séptimo Rayo de Orden Ceremonial y Finanzas. Estos rayos indican cualidades que pertenecen a los siete campos del esfuerzo o la expresión humana.

Shamballa: conocida como la Isla Blanca, existe en materia etérica y se encuentra en el desierto de Gobi. Shamballa es la morada del Señor del Mundo, Sanat Kumara, y es el lugar donde «la Voluntad de Dios es conocida».

Ángeles Solares: Seres muy avanzados que sacrificaron Su vida, descendiendo de Mundos Superiores para ayudar a la evolución de la humanidad y guiar sus pasos hacia la iniciación. Esto sucedió en nuestro planeta a mediados del período Lemuriano. También se les llama Ángeles Guardianes o Llamas.

Alma: También conocida como Ángel Solar.

alma: El alma en «s» pequeña es la psique humana, la Chispa, que viaja por el sendero de la evolución y tiene tres poderes: fuerza de voluntad, atracción e inteligencia para guiar su desarrollo. También conocida como el alma humana en evolución.

Síntesis, Ley de: Síntesis es la correcta relación entre unidades. Es la ley que abre el sendero de la expansión infinita y la cooperación con todo lo que existe.

Enseñanza, La: La suma total de las Enseñanzas impartidas por grandes Maestros Espirituales a lo largo del tiempo. También conocida como la Sabiduría Eterna, la Enseñanza, la Enseñanza Antigua.

Torre, La: Ver Shamballa.

Transfiguración: El resultado de la acción del fuego eléctrico de la Tríada Espiritual en la mente superior.

Las luces de los pequeños átomos de los vehículos de la personalidad son liberadas y toda la personalidad se purifica en la Tercera Iniciación.

REFERENCIAS BIBLIOGRÁFICAS

Saraydarian, Torkom. Sedona, AZ: Aquarian Educational Group.

Legend of Shamballa, 1988.

Hierarchy and the Plan, 1992.

The Psyche and Psychism, 2 vols., 1981.

Saraydarian, Torkom. West Hills, CA: T.S.G. Publishing Foundation, Inc.

Other Worlds, 1991.

CONTINUANDO CON EL LEGADO

Torkom Saraydarian dedicó su vida entera a servir a los demás en el crecimiento espiritual. Al momento de su muerte física en 1997, muchos libros habían sido ya publicados y más de 100 manuscritos estaban a la espera de su publicación.

Torkom Saraydarian tenía la sabiduría y habilidad únicas para escribir todos estos libros magníficos y componer cientos de composiciones musicales en el lapso de una sola vida. La publicación y archivo de sus trabajos creativos tomará también una vida completa de esfuerzo cooperativo de nuestra parte. Necesitamos sus contribuciones y respaldo continuo, pues juntos podemos hacer que su sueño sea una realidad, y podemos hacer que su legado fructifique.

Un fondo especial, el *Fondo de Publicación de Libros de Torkom Saraydarian*, ha sido creado para la publicación de sus libros. Adicionalmente, un *Fondo de Donaciones* ha sido establecido para la perpetuación de todos sus trabajos creativos.

Contáctenos para más detalles y actualizaciones concernientes a los programas de publicación y archivo.

Usted puede contribuir con fondos para un libro entero, o dar cualquier cantidad que desee sobre una base continua, o como una contribución única.

Muchas gracias por su respaldo amoroso y continuo.

SOBRE LA FUNDACIÓN

T.S.G. Publishing Foundation, Inc. es una organización no gravable sin fines de lucro. Fundada el 30 de noviembre de 1987 en Los Angeles, California, se trasladó a Cave Creek, Arizona, el 1o. de enero de 1994.

Nuestro propósito es el de ser un sendero para la auto-transformación. Estamos completamente dedicados a la publicación, enseñanza, distribución y archivo de los trabajos creativos de Torkom Saraydarian.

Nuestra oficina y tienda en línea ofrecen una colección completa de los trabajos creativos de Torkom Saraydarian para la venta y distribución.

Nuestro boletín Outreach contiene artículos que fomentan el pensamiento y está disponible tanto en material impreso como en nuestra página web con notificaciones electrónicas gratuitas.

Free Wisdom es un servicio en línea para mantenerle actualizado sobre eventos, materiales interesantes y lecturas inspiradoras.

También conducimos clases, seminarios especiales de entrenamiento, Conferencias Anuales en los Estados Unidos e internacionalmente, y cursos de meditación para el estudio desde el hogar.

Contáctenos o visítenos en línea para detalles sobre nuestras actividades y eventos actuales y venideros.

Página web: *www.TSGFoundation.org*

LA UNIVERSIDAD TORKOM SARAYDARIAN

Torkom Saraydarian soñó con un centro de entrenamiento, usualmente llamándolo la Universidad, donde hombres y mujeres pudieran ser entrenados en la teoría y aplicación de los Principios y Valores Superiores de la Sabiduría Eterna. Llamó a tal educación superior

«Educación Acuariana» y motivó continuamente a sus estudiantes a formar tal institución en el futuro.

Hay una creciente necesidad de liderazgo en el área del conocimiento esotérico. Más y más gente se está desilusionando de las enseñanzas que reciben de oportunistas, de gente que tiene buenas intenciones pero están llenos de espejismos y vanidades, o de gente que quiere usar la Enseñanza como un negocio para recolectar dinero.

Un gran daño se hace las personas que se aproximan a la Enseñanza con sinceridad en su corazón y son atrapados por grupos, instituciones u organizaciones que son sólo para actividades sociales o que funcionan como trampas de explotación. Algunos de estos buscadores gradualmente se olvidan de su búsqueda y se adaptan al entorno. Algunos de ellos suprimen totalmente su aspiración y esfuerzo espiritual debido a su desilusión. Sólo un pequeño porcentaje, a través de la discriminación, continúa su búsqueda para encontrar el campo adecuado donde puedan crecer y servir.

El número de verdaderos buscadores está incrementándose. Debemos prepararnos para satisfacer

sus necesidades y al mismo tiempo, resguardarnos de los peligros de caer en las vanidades, los espejismos, o en la utilización de los buscadores para nuestros propios intereses.

Torkom Saraydarian, *Leadership* I, p. 16

Nuestros primeros cursos de entrenamiento fueron lanzados en setiembre 2000. Tenemos clases presenciales así como por correspondencia. Para información sobre las clases y el registro en línea, visite nuestra página web o escríbanos.

https://www.tsgfoundation.org/tsg-university-information.html

INFORMACIÓN PARA PEDIDOS

Los trabajos completos de Torkom Saraydarian:

- Libros.
- Folletos.
- Música.
- Conferencias en audio y vídeo.
- Cursos de Meditación y estudio.
- Boletines gratuitos por correo electrónico.
- Visita nuestra sección de libros electrónicos en nuestra página web para ver las últimas actualizaciones.
- Catálogos completos disponibles en línea: *www.tsgfoundation.org*

Por favor contáctenos para información adicional:

TSG Publishing Foundation, Inc.
P.O. Box 7068
Cave Creek, AZ 85327–7068
United States of America
Tel: (480) 502–1909
Fax: (480) 502–0713
E-mail: *info@tsgfoundation.org*
espanol@tsgfoundation.org
Website: *www.tsgfoundation.org*

Para información sobre pedidos en español de este título:

Grupo Estudios Teosóficos Valencia, España:
Website: *http://fraternidad.info/g.e.t.html*
E-mail: *jrubio@editorialdagon.es*
Facebook: *Torkom Saraydarian en español*

Editorial Dagón:
Website: *www.editorialdagon.es*
E-mail: *jrubio@editorialdagon.es*

EDITORIAL
DAGÓN